U0143247

关键成长

高价值成长者的
思维体系

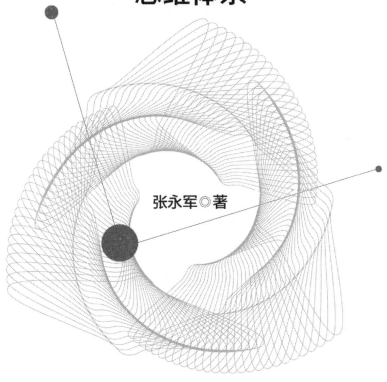

张永军◎著

北京大学出版社

PEKING UNIVERSITY PRESS

内 容 提 要

本书提供了从平凡到卓越的成长指南，帮助大家认识自我、成为创造高价值的快速成长者和经营管理高手。

本书内容围绕以下3个核心问题展开。

第一，哪些关键特质和成长要素，会让你具备远超一般人的成长潜力，拥有出众的成长速度？

第二，应该如何改进关键认知、关键关系、关键技能和关键学习力，获得快速成长和晋升，成为超越同龄人的"成长黑客"？

第三，依靠什么样的经营管理创新和领导力提升"工具箱"，才能够成为出类拔萃的创业者/管理者？

本书根据作者多年研究、培训和实践的经验提炼创作，融合了作者20余年的前沿研究成果和创业经验，通过展示大量创新观点和实际案例，深入浅出地帮助读者真正掌握个人成长、经营管理创新的核心技能，实现从平凡到卓越的职业生涯跃迁。

本书逻辑结构清晰，案例丰富，非常适合职场新人、职场成长关键期、职场定位转变期的相关人士阅读。

图书在版编目（CIP）数据

关键成长：高价值成长者的思维体系 / 张永军著. —北京：北京大学出版社，2024.1
ISBN 978-7-301-34647-1

Ⅰ.①关… Ⅱ.①张… Ⅲ.①职业选择 – 通俗读物 Ⅳ.①C913.2–49

中国国家版本馆CIP数据核字(2023)第220392号

书 名	关键成长：高价值成长者的思维体系	
	GUANJIAN CHENGZHANG：GAOJIAZHI CHENGZHANGZHE DE SIWEI TIXI	
著作责任者	张永军 著	
责 任 编 辑	滕柏文	
标 准 书 号	ISBN 978-7-301-34647-1	
出 版 发 行	北京大学出版社	
地 址	北京市海淀区成府路205号　100871	
网 址	http://www.pup.cn　新浪微博:@北京大学出版社	
电 子 邮 箱	编辑部 pup7@pup.cn　总编室 zpup@pup.cn	
电 话	邮购部 010-62752015　发行部 010-62750672　编辑部 010-62570390	
印 刷 者	北京市科星印刷有限责任公司	
经 销 者	新华书店	
	880毫米×1230毫米　16开本　18.75印张　320千字	
	2024年1月第1版　2024年1月第2次印刷	
印 数	4001–7000册	
定 价	79.00 元	

本书赞誉

（按推荐者姓氏拼音字母排序）

永军教授是在 2006 年进入北京大学软件与微电子学院金融信息和工程管理系任教的，本书应该是他最近 20 多年研究和实践的结晶。研究表明人的大脑结构特征和思维能力，决定了其创新认知模式和成长速度。人的创新思考能力该如何改进和提升？如何训练大脑、提升认知边界，以提升思考力和认知力？这些问题，均包含在本书重点阐述的核心主题内。

——北京大学软件与微电子学院创始院长，教授、博士生导师　陈钟

张永军老师是《哈佛商业评论》（中文版）2023 年度最大的惊喜之一。于我而言，他是一位宝藏作者、老师和管理学者。他既有扎实严谨的研究功底，又投身创业创新一线，同时在教学上深受学生喜爱。阅读《关键成长》这本书，我感到十分愉悦，获得很多新知。

——《哈佛商业评论》（中文版）执行主编　程明霞

职业发展模式有很多。有的人年纪轻轻开始创业，有的人靠技能积累成为专家，有的人一路读书博采众长……无论选择哪一种职业发展模式，取得成功并不容易，就算那些极具进取心的人，也有可能在不经意间陷入成长陷阱。那么，如何成为高价值成长者？《关键成长》这本书或许能给你一个答案！

——帆书 App 首席内容官　樊登

什么样的人能拥有超出一般人的成长潜力？哪些关键要素能让你成为“成长黑客”？创业者和管理者如何获得出色的成就？作者在《关键成长》中对上述 3 个问题进行的探索和给出的答案，就是适用于大多数读者的个人成长解决方案。

——爱奇艺创始人、CEO　龚宇

《关键成长》以扎实的理性思考和案例挖掘为基础，解答了每个人成长过程中都会遇到的 4 个关键问题：成长的基本功如何积累？如何突破成长瓶颈？成长价值如何最大化？如何开启

第二成长曲线？本书为大多数职场人进阶为管理者、领导者提供了深度认知参考，值得推荐！

——经济学家　管清友

永军教授的《关键成长》直击成长本质，步步追问，深度探求个人成长的核心能力。这本书有助于年轻人内外兼修，不断升级，直至找到成长的"通关密码"，是一本不可多得的职场秘笈。

——上海交通大学安泰经济与管理学院教授，"变量"系列图书作者　何帆

个人成长有什么规律？在人生的关键转折点，如何取得突破？你可以在《关键成长》这本书里看到张永军的答案。

——润米咨询创始人　刘润

了解能力成长逻辑，有助于在关键节点取得突破！希望张永军博士的新书《关键成长》可以帮助各种类型的管理者走向成功。

——清华大学教授、博士生导师　宁向东

《关键成长》是一本具有经济学底层思维的关于个人成长的创新之作，深度的典型案例挖掘让严谨、学术的著作具备了大众商业书籍的趣味性，值得推荐。

——经济学家　任泽平

俗话说，人生的关键只有一两处，难的是如何把握这一两处。本书对此做了系统阐述，值得一读。

——北京大学企业家俱乐部理事长，拉卡拉集团创始人　孙陶然

读完《关键成长》一书后，我最大的感受是"可惜我看晚了"。我正在研究"拔尖人才培养"，对于"拔尖人才到底是培养出来的，还是自己冒出来的"这一问题，学界一直有争论。这本书告诉我们，每个人的天赋可能不一样，但抓住成长的关键因素，就可以在自己的一生中为社会、为自己创造更高的价值——人人可为！因此，对于这本书，我的推荐语是"早看早受益"！

——国务院参事，中国教育三十人论坛成员　汤敏

像时空道宇一样的科技创业公司，创立后靠什么度过初创期？步入成长期后如何破解产业化应用难题？公司管理层应如何创新成长，才能率领创业团队不断突破企业成长瓶颈？

我惊喜地在《关键成长》这本书中找到了解决上述问题的务实观点和方法论，相信各位读者读后也多有收获。

——浙江时空道宇科技有限公司创始人、CEO　王洋

这是一本让人收获颇丰的书。作者不是在四平八稳地宣讲、注解关于个人成长和企业成长的理论和知识成品，而是像猎人一样，带着认知和实践的真目标解锁真问题。在认知的视角和旅程上，作者始终与实操者保持正同步。这本书是"费曼学习法"的一个好样本。

——新物种研究院院长　吴伯凡

为什么同一个班级的人起点是差不多的，毕业时差距有可能变得很大？因为大家的成长速度有差异。如何做到有效成长，在不同的人生阶段确定不同的成长目标、对不同的成长目标采用不同的方法？这是一个大问题。作者是一个有技术背景的管理学博士，长期思考、研究上述问题，将自己的心得写在了《关键成长》一书中，相信会对大家有启发意义。

——计算机科学家，硅谷投资人　吴军

高价值成长者，能在宏大命题与个体生活的交错中建立属于自己的认知坐标系。认知边界决定人生尺度，《关键成长》提供的是关于进化的具体智慧。

——场景实验室创始人，场景方法论提出者　吴声

《关键成长》一书中提到，每个人的成长轨迹都是一条"S"形曲线，只要理解并掌握了成长规律，起点多低都没关系，因为高手大多擅长抓住关键转折点进行弯道超车。希望读者都能成为高价值成长者。

——经济学者　吴晓波

经济学大师弗兰克·H·奈特说过一句我非常欣赏的话："人类一切活动的终极目的是在价值领域的无尽探索。"人类经济活动的本质是将对人类没有价值的东西转化为对人类有价值的东西，以满足人类无穷无尽的需求，而且，要尽可能提高转化的效率，这是一切创新的本质。伟大的创新者、创业者和企业家的基本特征是不断实现这种高价值转化，这需要特殊的思维方式。坚持不懈地突破认知局限、注重细节、精益求精、降低成本、提升效率，才能成为高价值成长者。《关键成长》一书基于作者多年研究个人成长和企业成长的经历、经验，总结得出高价值成长者思维方式的诸多特征，值得所有创新者、创业者和企业家学习、借鉴。

——《新资本论》《新经济学》作者　向松祚

阅读管理类图书，关键是从茫茫的经验中挑选出为我所用的要素。本书中，"以结果的输出促进知识的输入""以远期的结果管理当下的时间""避免无效学习"等内容，都是我深有同感的。相信读者们能在书中找到自己早该领悟、早该实践、早该强化的共鸣点。

——经济学者，原北京大学国家发展研究院法律经济学教授　薛兆丰

本书中提到，个人成长的关键因素包括关键认知、关键关系、关键技能、关键学习4种，从掌握学习能力的学生到掌握工作技能的社会人、从技术专家或业务专家到管理高手或经营

高手，都需要经过两个转折点。在作者看来，这本书是适合青年到中年各个年龄段读者的。那么，各位读者不妨每隔几年遇到相应课题时，都拿出来读一遍！

——中国人民大学教授、博士生导师，《华为基本法》核心撰稿人之一　杨杜

地平线是智能驾驶计算方案和芯片提供商，定位和发展方向与永军教授的主要研究方向（创业创新和可持续成长）是一致的。《关键成长》一书中的内容对于创业者成长为企业家、技术人员成长为领导者很有启发，推荐给读者朋友。

——地平线创始人、CEO　余凯

张永军老师在圣商创业举办的企业家成长训练营中主讲过很多成长类课程，对于职场人快速成长、创业创新有很大的帮助，这些内容均体现在《关键成长》这本书中，推荐给所有读者！

——圣商创业董事长、创始人　袁力

肆拾玖坊和永军教授有过多次合作。永军教授在管理者成长和企业成长方面有深入研究，其创新观点和实操方法给我留下了深刻印象。

年轻人如何在职场中脱颖而出？管理者如何提升自己的管理力和领导力？创业者如何获取经营突破？《关键成长》这本书为上述问题提供了若干答案，推荐给读者！

——肆拾玖坊创始人、CEO　张传宗

为什么很多人的成长不达预期？大多是因为他们未掌握成长规律。《关键成长》这本书提供了个人成长指南，提出了有关关键认知、关键关系、关键技能和关键学习的成长框架，并在此基础上进一步总结并完善了提升经营管理能力和领导能力的"工具箱"，对于年轻人成长、职场人转型有很好的指导意义，值得一读！

——哥伦比亚大学博士，清华大学博士生导师　郑毓煌

在我的印象里，永军博士是一名青涩的年轻学者。让我有些惊讶的是，他不但坚持在创新创业、企业成长、管理者成长等领域开展持续的研究，还勇敢地从"象牙塔"中走出来，亲身进入科技创新领域，开启创业生涯。我一直鼓励年轻人勇于追求梦想、敢于尝试新事物，这是年轻人推动社会进步的重要力量。我是一个连续创业者，至今仍在创新创业的路上，读这本书，与天下所有"成长者"共勉！

——360集团创始人　周鸿祎

什么样的人更有机会成为高价值成长者？

推荐人: 杨杜, 中国人民大学商学院教授、博士生导师, 著名管理学家,《华为基本法》核心撰稿人之一, 本书作者张永军的硕、博导师。

作者写这本书, 基于反复问自己 3 个问题的思考结果, 是典型的"三因一果法"作品。

第一因——具备什么关键特质和成长要素的人; 第二因——依靠什么样的经营、管理和领导力"工具箱"; 第三因——遵循哪些原则、行进在怎样的路径上; 一果——成为超越同龄人的高价值成长者。

人的寿命周期一般有出生、成长、成熟、衰老 4 个阶段, 宛如地球温带地区一年的春夏秋冬四季。本书主要关注人的成长阶段, 说到具体年龄, 按作者的举例, 是 18 岁至 50 岁。

作者说, 如果 18 岁时读了这样一本书, 就不会面对种种人生选择患得患失; 如果 21 岁时读了这样一本书, 就不会怀疑、抗拒接受职场人际关系; 如果 24 岁时读了这样一本书, 就不会对生活中的些许困难心生抱怨; 如果 27 岁时读了这样一本书, 就不会苦恼于是否该去打造个人品牌; 如果在 30 岁到 50 岁之间读了这样一本书, 不管是已晋升为管理者还是开始创业, 都会知道该如何从技术高手或业务高手向优秀的团队管理者转型。

在作者看来, 这本书是适合青年到中年各个年龄段读者的。那么, 各位读者不妨每隔几年遇到相应课题时, 都拿出来读一遍!

书中提到，个人成长的关键因素包括关键认知、关键关系、关键技能、关键学习 4 种，从掌握学习能力的学生到掌握工作技能的社会人、从技术专家或业务专家到管理高手或经营高手，都需要经过两个转折点，针对这些研究结果，作者在书中对快速晋升、职业跃迁、领导力修炼、管理进阶做了详细讨论。

现代社会，个人的成长已经不能仅通过个人的修身养性来证明，还要通过事业的成长来证明，因此，本书的落脚点为创业者如何在事业上获得指数级增长。无法在事业上得到指数级增长，人便不能被称为高价值成长者，从这个意义上说，真正成为高价值成长者的人可谓少之又少。

每个人都有自己的人生成长道路和成长结果，具备了上述"关键特质和成长要素"，掌握了经营、管理和领导力的"工具箱"，遵循了有效的原则、行进路径，即包揽这"三因"，也不一定生"一果"——不可能所有人都收获超越同龄人的高价值成长之果，因为这三因都属于"德、才"要素。

我经常说，一命，二身，三德，四才，五读书。获得快速成长，是需要更多要素的。

所谓"命"，是需要社会或行业大势相助；所谓"身"，是需要身体或精力超群；所谓"德"，是需要顶得住诱惑，不做坏事；所谓"才"，是需要才干或本事，以完成工作。"好好读书"肯定会提高成长概率、缩短成长时间，但"读书"毕竟排第五。

书中还提到，每个人的成长轨迹都是一条"S"形曲线，只要理解并掌握成长规律，起点多低都没关系，因为高手大多擅长抓住关键转折点进行弯道超车。

我观察到，很多人的成长轨迹不只是一条"S"形曲线，而是由多条"S"形曲线组合而成的，他们会在不同时间段实现突破，画出属于自己的新的"S"形曲线，让自己的职业生涯突破原来的"S"形曲线，跃上新高度。

西班牙 19 世纪著名的建筑师安东尼奥·高迪说，人类是直线的，上帝是曲线的。我说，厉害的人，是多曲线的。与同龄人相比，厉害的人之所以不同，是因为其成长是不断在一条"S"形曲线的底部超越自我，跃升到该曲线的上部或顶部，继续开辟新的"S"形曲线。

比如，他们在小学、中学、大学等学习阶段，成绩是从班里的中后段走向前列的；他们在基层、中层、高层等工作阶段，业绩是从职场的中后档次走向顶级的。

他们的优秀，很多不是基因带来的、起跑线上的优秀，而是先天天赋、后天成长，及每天努力共同带来的结果。

在成长的某一段时间内，他们可能会引起周围人的"羡慕、嫉妒、恨"，但这并不会太过影响其成长速度和其对成长道路的选择。他们会用优秀的成长结果改变周围人的看法和情绪，因为他们的成功会同时给周围人带来收益。在他们成长的后一阶段，他们会把周围人的"羡慕、嫉妒、恨"转化成"接受、尊重、爱"。

希望读者能够读书受益，不仅实现快速成长，同时实现安全成长、健康成长、持续成长，实现有利于家人、企业、社会、国家的成长。

推荐序 2

我关于创业者快速成长的 3 个观点

推荐人：周鸿祎，360 集团创始人，第十三届、十四届全国政协委员。

我认识永军博士已经有十几年的时间，当时，他博士毕业不久，刚刚去北京大学任教。

在我的印象里，他是一名青涩的年轻学者。让我有些惊讶的是，这个当初我眼中的"书生"，不但坚持在创新创业、企业成长、管理者成长等领域开展持续的研究，还勇敢地从"象牙塔"中走出来，亲身进入科技创新领域，开启创业生涯。

我一直鼓励年轻人勇于追求梦想、敢于尝试新事物，这是年轻人推动社会进步的重要力量。我是一个连续创业者，至今仍在创新创业的路上。

读完《关键成长：高价值成长者的思维体系》，我有 3 个观点想与读者朋友们分享。

第一，创新不等于发明，微创新就是方法论。

创业的关键是创新，但大家往往有一个误区，即把"创新"与"发明"画等号。

爱迪生是一个发明家，他发明了很多东西。如果有机会发明一个他人从来没有想到过的东西，很伟大，但这种概率非常低。所以，我们可以换一种思路：微创新，即换一种方式，把旧有业务重新做一遍。

美国有一本著名的商学院经典教材，名为《创新者的窘境》，其中提到，科技创新是企业生存的必需品，但多数人既定的思维模式和知识结构不足以支持对颠覆式创新的路径进行判断。

其实，更常见的颠覆式创新是非常简单的一句话，即"在技术上、用户体验上、商业模式上创新"，也就是说，如果你能让复杂的东西变得容易用、让贵的东西变得便宜、让原来很难获得的东西变得容易获得，那你就有机会对原来的市场领导者进行颠覆，因为做的业务可能一样，但你做的方式不一样。

在本书第 1 章中，永军博士把创新过程分解为 4 个阶段，并讲述了多个创新案例，其中涉及的机会识别、需求解构、好奇心驱动、多元化创新等，都值得读者朋友们参考。

第二，创业要从用户需求出发，而不是沉浸在创业者的思维中。

本书第 2 章中提到，聪明是一种与生俱来的天赋，高智力在职场上是巨大的优势，但一个不小心，人可能被天赋诱惑，阻碍自己的成长。

创业者，自信是对的，但是不能"自信"到自恋或者自大，以为自己的需求是全世界所有人的需求。实际上，很多创业者受过高等教育，有着深厚的技术功底，却与群众基础发生了脱离。再次强调，创业者不要把自己的需求放大为天底下所有人的需求，而是要躬身去观察，从用户需求出发，解决用户痛点。

记住，用户不会因为创业者标榜自己伟大而去使用某个产品，只会因为某个产品解决了他的问题、满足了他的需求、给他创造了价值而去选择。

第三，好的商业模式和产品是打磨出来的，要坚持长期主义。

就创业而言，创业者除了要坚持用户思维，还要坚持长期主义，因为好的商业模式和产品是打磨出来的。

本书中提到一条规律："每一件事的自律，在前期是兴奋的，中期是痛苦的，后期是享受的。"

创业者的创业过程同样如此。

所以，我一直觉得创业者要尽早找到自己真正喜欢的事情，才能坚持到底。本书中提到，根据积极心理学奠基人之一米哈里·契克森米哈赖的研究，一个人只有全身心投入，经常让其身体或大脑达到极限，并积极、主动地完成艰难且有价值的工作，由此带来最优心理体验和幸福感，才能激励自己长期努力并取得成功。这种状态，即大家常说的"心流"状态。

对于这一点，我很赞同。

如果你在做想做的事情，即使这件事在别人看来很难，但因为你很喜欢，你一定不会觉得难，而且能够在漫长的过程中，坚持做到不断打磨、提升技能。

以上 3 点，与天下所有"成长者"共勉！

推荐序 3

快速成长者如何提升深度思考力？

推荐人：陈钟，北京大学计算机学院教授、博士生导师，北京大学元宇宙技术研究所所长、区块链研究中心主任，北京大学软件与微电子学院创始院长。

看着手头这本《关键成长：高价值成长者的思维体系》的书稿，我忍不住心生感慨。

永军教授是在 2006 年博士毕业后进入北京大学软件与微电子学院管理技术系（现金融信息和工程管理系）任教的，当时，我正担任该学院的院长。

在我的印象中，永军教授是一名勤于钻研，专注于创新创业、经营管理研究的年轻学者，同时热心于科技创业实践。对于创业创新，他一直充满激情和热忱，而他给研究生开设的创业和管理类课程，总是能够引起学生们的共鸣。

《关键成长：高价值成长者的思维体系》这本书，应该是他最近 20 多年研究和实践的总结和知识结晶。

最近一段时间，凭借强大的语言理解和生成能力，ChatGPT 等 AI（人工智能）工具吸引了工业界和学术界的广泛关注。以 ChatGPT 技术为代表的大模型技术，被认为开启了 AI 2.0 时代，极大地延伸了人类知识加工、处理和利用的能力。看起来，似乎 AI 越来越向人类的思维和行为模式逼近，然而，科学家们对人类大脑处理知识过程的探索之路，仍然很长。

本书所总结的从平凡到卓越的成长经验和知识，是 AI 无论如何无法总结出来的。

迄今为止的研究结果表明，人的大脑结构特征和思维能力，决定了其创新认知模式和成长速度。有没有可能改进？该如何改进和提升？如何训练大脑、提升认知边界，以提升思考力和认知力？这些问题，均包含在本书重点探讨和阐述的核心主题内。

书中提到，目前，我们对大脑的研究与开发尚不充分，不过，根据认知心理学的研究，"工作记忆"对于人类的复杂认知活动和思考力有着重要影响。

工作记忆，类似于计算机的内存系统，是大脑对信息进行暂时加工和存储的容量有限的记忆系统。很多人无法在工作和学习中自律、无法进行深度思考的原因不是内心不想，而是大脑没办法做到。具体来说，是其大脑的工作记忆容量不够。

作为一种信息加工系统，人的大脑会对其所接受的外界信息进行模式识别和加工处理，随后，放入长时记忆中储存。在需要应用时，长时记忆中的某些信息会被临时调用，进入活动状态。

这种记忆易被抹去并会随时更换，因为它们只是被暂时使用，用后会返回长时记忆。能否在有限的大脑容量中处理更多的思考素材、能否有效提升个人的认知空间和认知力，是快速成长者与普通人的重要区别所在。

通俗地说，认知空间的大小，影响着对信息进行压缩编码后存储于大脑，以便以后处理问题时调用认知模型的能力的高低。

由此看来，很多人之所以认知力、学习力偏弱，并不是故意不想学习，而是因为无法深度思考和保持专注，究其根源，是他们的大脑已经被"系统化编排"。

这正如人类行为学专家克利福德·纳斯所描述：在数字化时代，人们不断在网络上切换注意力，会对大脑产生长久的负面影响；注意力长期分散的人，无法维持长久的工作记忆，他们会启用更多的与当前任务无关的大脑功能，从而导致无法保持专注。

那么，我们应该怎样做，才能改善自己的专注力和工作记忆能力呢？

本书指出，大脑就像肌肉，用进废退。想提高大脑的工作记忆，除了保证营养充分和睡眠充足，更重要的是通过深度学习、深度工作，来锻炼思考力。

　　具体而言，对处于能力舒适区之外，但距离不太远的区域发起持续挑战，能够让大脑做出最快的改变，并迅速积累必要的技能。随着技能的娴熟，人的心理会更稳定、心态会更积极，这会反过来刺激大脑的进一步发展。

　　无论人工智能大模型有多么强大，就算其在某些知识加工处理方面远超人类，我们也不能放弃人类脑力劳动的不断进步。追求卓越，始于大脑的思维训练和认知提升。

　　希望本书的每一位读者，都能成为工作、学习中的快速成长者，即高价值成长者！

2023 年 6 月，《哈佛商业评论》（中文版）发表了我的一篇研究论文，题目为《经营扩张 + 管理创新：初创企业的七步螺旋式成长路径》。因为这篇研究论文中的若干创新之处，我获得了《哈佛商业评论》（中文版）颁发的"年度优秀作者奖"。

这篇研究论文，凝聚了 20 多年来，我在企业指数级增长、创业者和管理者成长、创新创业等领域的研究心血。更重要的是，这篇研究论文见证了我的持续进化之旅：本科学习理工科专业，硕士、博士阶段开启经营管理研究，博士毕业后去北京大学软件与微电子学院管理技术系（现金融信息和工程管理系）任教，近 10 年专注于创新创业研究、创业孵化事业。

在上述学习、研究、教学和创业孵化的过程中，我访谈过数千名创业者、管理者，并针对其中的数百名被访谈者，保持着长期、持续的追踪调研。

在此过程中，我反复问自己如下 3 个问题。

第一，到底具备什么关键特质和成长要素的人，会有超出一般人的成长潜力和成长速度？

第二，围绕核心的关键特质和成长要素，年轻人要遵循哪些原则、行进在怎样的路径上，才能够获得快速的成长和晋升，成为超越同龄人的高价值成长者？

第三，对于出类拔萃的创业者和管理者来说，他们依靠什么样的经营、管理和领导力"工具箱"，才能够在经营管理实践中获得出色的管理成就和持续的企业创新增长？

将上述 3 个问题梳理清楚后，我下定决心出版这本书。

与上述 3 个问题相对应，这本书的前半部分，写给想快速成长的年轻人；这本书的后半部分，写给想成为优秀管理者或创业者的人。

不过，写完书稿后，我发现，我最想把它送给年轻时的自己。如果当时能拥有这样一本书，相信我一定会在自己的职业生涯中，经常翻阅、深思；相信它会为我的成长之路，带来巨大且可喜的变化。

如果有这样一本书——

我 18 岁时，就不会面对种种人生选择患得患失。我会坚定一个信念，那就是"内心不渴望的东西，不可能释放你的潜能"；我会勇敢试错并找到自己的甜蜜区（能够高效发力的区域），日复一日地"死磕"，获得超出常人的技能，以便在人生难得的几个重要机会到来时，有能力牢牢地抓住它们。

我 21 岁时，就不会怀疑、抗拒接受职场人际关系。我会带着积极的心态与他人沟通，与立场不同的人们建立牢固的关系；我会懂得职场上的社交关系其实是对自身能力、价值的映射，最好的选择是沉下心来提升自己，而不是浪费过多时间，去追逐无谓的人脉资源。

我 24 岁时，就不会对生活中的些许困难心生抱怨。我会明白最难的任务是在不知道方向的情况下做决策并解决问题；我会在大脑中搭建有效的认知决策模型，并持续在自己的舒适区之外，但距离舒适区不太远的区域内刻意练习，从而快速实现"从 0 到 1"的关键技能突破。

我 27 岁时，就不会苦恼于是否该去打造个人品牌。我会把核心技能外显为可见的品牌标签，便于领导、客户等相关干系人评估我的价值时迅速聚焦；我会尽力让自己的工作过程可视化，大大方方地创造和输出价值，从而获得晋升并提升个人影响力。

在 30 岁到 50 岁之间，不管是晋升为管理者，还是开始创业，我都会知道该如何从技术高手或业务高手向优秀的团队管理者转型。我会明白领导力不是与生俱来的天赋，而是需要后天学习的技能；我将以优秀的企业家、管理者为标杆，努力修炼各种经营管理技能，以便带领企业或团队实现持续增长。

……

如果拥有这样一本书，在我的职业生涯中，我会明白每个人的成长轨迹都是一条"S"形曲线，只要理解并掌握了成长规律，起点多低都没关系，因为高手大多擅长抓住关键转折点进行弯道超车。更重要的是，我会永远秉持"以输出促进知识输入"的原则，通过高效的终身学习，获取触及本质的体系化知识，让自己拥有持续创新进化的能力。

以上这些话，是我想对"年轻的自己"说的话，也是我想对每一位终身成长者说的话。

从内容架构方面看，本书可大致分为3个部分。

第1章主要介绍个人成长的规律和关键成功因素，帮助读者避开成长陷阱，在人生关键转折点取得突破，攀上一般人难以企及的职业巅峰。

第2章到第6章，主要介绍成长高手之所以能获得与众不同的"关键成长"，是因为他们在关键认知、关键关系、关键技能、关键学习这4种核心要素上有超过常人的表现。通过不断学习和创新，发挥自己的成长潜力、积蓄成长势能，并在工作过程中取得出色的业绩、打造个人品牌，才能获得快速晋升。

第7章到第10章，主要介绍从技术专家或业务专家向管理高手、经营高手进化的核心能力。这一部分涵盖从技术到管理的5种能力蜕变，修炼领导力、管理力的基本方法，以及带领企业获得指数级增长的底层逻辑。

希望每一位读者，都能成为用学习超越自我、用创新改变世界的高价值成长者。

目录
Contents

03 CHAPTER 关键关系：
第 3 章 人际沟通能力决定成功高度

职业跃迁：
从业务专家向管理高手转型
第 7 章

领导力修炼：
做催化剂领导，激发员工潜能
第 8 章

企业指数级增长：
CHAPTER
第 10 章 —— 创业者如何持续获得成功？

01
CHAPTER

第 1 章

高价值成长者：
洞悉成长曲线，获取关键突破

职业发展模式有很多种，比如有的人年纪轻轻开始创业，有的人靠技能积累成为专家，有的人早早进入社会摸爬滚打，有的人一路读书博采众长。

取得成功并不容易，极具进取心的人，也有可能在不经意间陷入成长的陷阱，把人生消耗在一些看似可能成功，其实希望渺茫的事情上。

只有少数高手，才懂得遵循个人成长规律，把握成功的关键因素，在人生关键转折点取得突破，攀上一般人难以企及的巅峰。

1.1 | 关键成长要素：超越自我的不竭动能

哈佛大学商学院教授拉姆·查兰在对人才进行广泛研究后，对高潜力人才普遍具有的重要特质进行了总结，包括创新思考能力、强烈的成功动机、敏锐的感知力和学习力、心理成熟度和韧性、构建人际生态圈的能力、敬业度等。

在这当中，创新思考能力是底层能力，我们将在下一节进行单独探讨。本节主要探讨影响个人成长的4个核心因素：关键认知、关键关系、关键技能、关键学习力。

1.1.1 关键认知奠定成长方向

当今社会是知识型社会，当今时代是数字化时代。

为什么有些在过去曾取得成功的企业家和创业者、在前些年绩效突出的管理者和领导者，在知识经济和数字经济的浪潮中感觉举步维艰？

因为知识创新和数字经济逐渐成为不同行业发展的引擎，如果沿用工业化时代的认知逻辑进行创业、经营、管理和工作，人们大脑的工作记忆能力将无法驾驭浩如烟海的信息！

为什么有些人年轻时进步很快，达到一定年龄或管理职级后便止步不前？

因为年轻人面对的大多数工作，依托的是原理、信息等显性知识，而承担更关键的任务或成为层级更高的经营管理者后，认知智慧、决策模型、可迁移能力等隐性知识将在个人成长中起主导作用。

信息像座山，技能像堵墙，认知像层纸。无法突破信息大山的束缚，就会被困在浅层的知识中无法自拔，哪怕具有愚公移山的精神，也难以看透事物的本质、直达事物的核心；无法突破大脑里的思维屏障，仅依靠"死知识"，永远无法攀上职业高峰。

人才的成长和创新，主要由 3 股力量支撑，分别是认知、资源和价值。认知是知识型人才快速成长的前提、基础，没有高水平的认知，就算拥有很好的资源，知识型人才也无法创造出与其相匹配的价值，无法打造出鲜明的个人领导力和影响力品牌，反而会受困于绩效评价和成长前景。

那么，应该如何提升认知能力呢？在知识日新月异的数字化时代，只有依靠强大的知识积累、思维创新和终身学习能力，才有可能与时俱进，永远站在职业发展阶梯的顶端。

哈佛大学教育研究生院资深教授戴维·珀金斯研究提出，人的大脑里装的惰性知识越多，其调用有效知识的速度就越慢。如果我们只大量地吸收了显性知识，没有将它们内化并形成体系，那么堆在脑子里的知识就变成了"知识垃圾"，难以被调用，或者很快被遗忘。

"关键认知"，不是一个个孤立的概念、信息或知识点，而是一种系统化的思维和知识体系。

本书第 2 章，将从工作记忆力、概念能力、归因推理、成事思维、逆境修炼、防范心态陷阱等方面入手，对人的关键认知进行深入探讨和分析。

1.1.2　关键关系构建机会之窗

创业时急需稀缺资源、转行时需要有人指点迷津、遇到职业瓶颈时需要自我突破、希望在专业领域扩大影响力时需要有人协助……上述情境之间有关联吗？看似关联不大，但其实都与关键关系息息相关。

良好的关键关系，不但可能为你的事业奠定基础、提供机会之窗，还可能决定你成长的"天花板"。

什么是"关键关系"？

关键关系，是指与特殊资源、信息或技能有关，能够在职业生涯的关键转折点为你提供帮助、指导或背书，从而让你获得重大机遇的人际资源。

人际关系研究专家朱迪·罗比内特有一个形象的比喻，说关键关系好比埋在地下的电缆，大多数人看不见，但传输的电力能让全世界运转。

在这条电缆中，运转着机会、资源、信息等成功要素，一直在隐秘地发挥着实实在在的影响力。

俗话说，关键时贵人扶一步，胜过自己走百步。成功人士的背后，或多或少都有着他人的提携和帮助。

"半导体教父"张忠谋创办台湾积体电路制造股份有限公司（以下简称"台积电"）时，曾因缺少订单而一度濒临破产。绝望前，他通过在美国读书时积累的人际资源，邀请英特尔当时的传奇CEO（首席执行官）安迪·葛洛夫来公司参观，并说服对方把一部分芯片制造订单交给台积电。

当时，葛洛夫为了和日本企业竞争，同意和台积电合作，而台积电以此为基础，崛起为全球知名的独立半导体制造商，张忠谋声名远扬。

从张忠谋的成功中，可以看出关键关系的重要性。这与在好莱坞流行的一句话相吻合："一个人能否成功，最重要的不在于你知道什么，而在于你认识谁。"

企业经营的成功离不开人际资源，个人工作的成功同样如此。《哈佛商业评论》的一项研究显示，在工作中拥有有智慧、有经验的专属导师的员工，晋升的可能性比没有导师的员工高出很多。

本书第3章，将从工具性人际关系、有效社交、向上沟通、高效表达、有效倾听、正确提问、情绪管理等方面入手，对人的关键关系进行深入探讨和分析。

1.1.3 关键技能确立成长势能

关键关系对于个人成长很重要，是否意味着成功主要依赖于他人呢？

当然不是！

人际关系虽然重要，但能否吸引"贵人"的关注和支持，能否把各种资源整合起来创造出满足他人需求的价值，主要依赖于个人的个性特征和技能优势。

让人容易获得成功的个性特征，有哪些呢？

首先，要有强烈的成功欲望。

著名实业家稻盛和夫曾经多次表示，根据我的人生经验，我坚信，内心不渴望的东西，不可能靠近自己。

他认为，在要做的事情不能清晰看见结果之前，如果没有强烈的愿望，那么不可能获得真正的动力。

两度荣登《时代》周刊封面的美国联邦最高法院第 17 任首席大法官约翰·罗伯茨在自己儿子的毕业典礼上致辞时，这样告诉台下的年轻人："经常有人告诉我们说要学会'做自己'，但如果你不知道自己想成为什么样的人，你是不可能真正做自己的。"

其次，只有醉心于追求持续的高峰体验，才会不断地超越自我。

常常听人们这样说："只要坚持，就会成功。"这是真的吗？

如果这是真的，为什么现实生活中有那么多人，在坚持了很多年后，依然没有取得预想中的成功？肯定是哪里出现了问题。

20 世纪 60 年代，一位韩国学生到剑桥大学主修心理学，他的博士论文《成功并不像你想象得那么难》，从一个侧面道出了坚持与成功的秘密。

这位学生访谈了很多成功人士，发现他们普遍表示自己并没有想过一定要坚持，回头看看走过的路，他们自己都觉得害怕，不知不觉居然做了这么多；倘若再来一次，他们也可能会被艰巨的任务吓倒，从而难以坚持下来。

在外人看来，他们是因为坚持而取得成功。可是这些成功者自己知道，他们是因为喜欢做一件事，并且在做的时候感觉到快乐、刺激，所以才一直做。于是，"喜欢"变成"坚持"，直至成功。

著名社会心理学家亚伯拉罕·马斯洛指出，人不仅渴望自我实现，更渴望超越自我。

如果你设定一个目标后，达到目标并展现了个人价值，那么你的自我需求就得到了满足。接下来，你会想更上一层楼，继续超越自我，因为此时你获得的心灵满足和成长体验会吸引自己不断前行。

马斯洛将这种感受称为"高峰体验"。

所以，坚持并不一定能带来成功，但如果一个人因为体会到了"高峰体验"，从而不自觉地坚持，并在坚持的过程中锻造出出色的"技能优势"，那么经常会得到出人意料的结果。

个人技能优势的发展，有哪些积累和成长阶段呢？

职业发展研究专家布赖恩·费瑟斯通豪提出，以 15 年为一个周期，人们的职业生涯大体上可以分为 3 个阶段。

第一阶段：加添燃料，强势开局。此阶段的策略很简单：步入职场，迎接新发现，并为前方的漫长旅程储备职场燃料。第一阶段是一个学习和探索的阶段，充满尝试和错误，这时的目标并不是找到一个你每天都津津乐道的工作，而是找出你擅长什么、不擅长什么、喜欢做什么，以及不喜欢做什么。

第二阶段：聚焦长板，达到高点。如果说第一阶段是寻找甜蜜区，那么第二阶段就是锚定它。在这一阶段，很多人开始成为管理者，面对的最大挑战之一是如何调整领导风格，从命令与控制转变为影响与感召。

第三阶段：优化长尾，持续发挥影响力。第三阶段是职业生涯的最后一个阶段，对于很多人来说，这一阶段难以在职场上寻找到合心意的职位。此时可以进行一些尝试，如接受新的挑战、创业，或者给年轻人当顾问，让自己发挥持续的影响力。

在此基础上进一步分析，我们以人的技能成长特点为依据，可以把人的职业生涯划分为 4 个阶段，分别是蓄能期、成长期、爆发期和衰退期。

在这个过程中，年轻人如何在蓄能期和成长期积累和修炼独特的关键技能，是最值得重视的。

本书第 4 章，将从了解技能优势定律、有效识别和解决问题、选择最佳职场风格、积累优势技能、进入心流状态等方面入手，对人的关键技能和职业优势的积累进行深入探讨和分析。

1.1.4　关键学习带你超越自我

你是否有过这样的感触？上学、工作时，课堂上、公司里，总有优秀的同学、同事看起来并不比你用功，成绩或业绩却远超你。

这些人是如何做到的？实际上，人与人之间的差异，在很大程度上受"业余时间的终身学习效率"这一因素的影响。

胡适先生曾在一次演讲中反复强调业余时间的重要性，大意如下。

人与人成就大小的区别，主要是由闲暇时间决定。你用你的闲暇时间来打麻将，你就成了个赌徒；你用你的闲暇时间来做社会服务，你也许会成为社会改革者；你用你的闲暇时间去研究历史，你也许会成为史学家。你的闲暇时间往往决定你的终身。

爱因斯坦也说过类似的话："人的差异在于业余时间，业余时间生产人才，也生产着懒汉、酒鬼、牌迷、赌徒。由此不仅使工作成绩有别，也区分出高低优劣的人生境界。"

很多上学时成绩优秀的人，工作中却创造不出成果，这是因为成人的终身学习和在学校接受教育存在着本质的不同。

学校教育有固定的时间表约束学生、有标准化的考试成绩指引学生，而成人的终身学习没有这些约束和指引，尤其是对职场人来说，所拥有的知识技能如果无法在关键时刻发挥作用、无法持续地创造价值，那统统是无用功。

所以，成人利用闲暇时间学习带来的人与人之间的差距，会比学校教育中优等生与差等生之间的差距大很多倍。

在这个信息爆炸的时代，新知识、新概念、新技术层出不穷，我们每天要接收和处理的信息量是远超过往的，因此，能够触达核心知识的"关键学习力"变得越来越重要。

无论是过去、现在，还是未来，"创造性解决难题的能力"都是人才的核心竞争力。它之所以稀缺，是因为需要有强大的知识体系作为支撑。人们想要获得这种能力，需要拥有强大的关键学习力。

　　构建知识体系，需要我们将接收到的各类知识按照一定规则进行逻辑化理解、加工、消化、使用和输出。每当接收到新的知识点，我们都需要将其与我们已有的知识体系进行链接，从而将其补充到我们的知识库中。

　　近些年，"知识体系"这个概念屡见不鲜，类似的说法还有"知识树""知识网""系统的体系化知识"等，随之引出的另一个概念是"外脑"。

　　"外脑"，用来装载和处理"显性知识"，协助大脑记忆和处理知识体系。只有正确且高效地处理好显性知识，才可能释放我们的大脑空间，让其专注于做更重要的工作——深度思考。

　　本书第5章，将从拒绝无效学习、掌握深度学习、提高学习留存率、练习高效阅读、学习价值复盘法等方面入手，对人的关键学习力的提升进行深入探讨和分析。

1.2 | 高潜力人才：
支撑成长潜能的创新力

以下这些现象，相信大家都遇到过，或者听说过。

有些学习成绩一直非常好的"学霸"，进入职场后泯然众人矣；

读大学时能力差不多的同学，毕业几年后的成就差距巨大；

有些一心想改变世界的聪明人，连基本的工作都无法完成好。

为什么会这样？我们应该从哪些方面入手，来衡量一个人的成长潜力？

哈佛大学商学院教授拉姆·查兰提出，当今时代的高潜力人才，应该具备多种特质，概括起来，分别是敢于构想大格局、勇于突破不可能、善于构建生态圈。

支撑以上 3 种特质的首要因素，是底层的创新思考力。

根据创新能力阶段划分，创新过程可以被分解为 4 个阶段：问题识别、创新准备、创新实施和创新结果。

那么，应该怎么做，才能支撑起个人的高成长潜力呢？

1.2.1　创新需要发现的眼睛，善于识别机会、创造需求

中国香港特别行政区企业家、周大福集团及新世界发展创办人郑裕彤小时候家境贫寒，小学毕业后去周大福金铺当学徒。

虽然只是一名小伙计，但郑裕彤认真肯干，每天早上都第一个到金铺打扫卫生。除了做好分内事，郑裕彤还爱动脑筋，经常琢磨怎么做才能让生意更红火。

他有很多工作细节，让周大福的老板周至元十分欣赏。

比如，有一次，郑裕彤去码头接亲戚时，碰到一位南洋富商向周围人打听哪里能兑换港币，他马上说周大福兑换价格最公道，并先把富商带到周大福，再回到码

头接亲戚。

又如，他经常跑到其他珠宝行蹲守学习，总结出不少经营诀窍，包括要对客户一视同仁、要无微不至地服务、门店要开在旺地、装修要气派等。

后来，周至元开始有意识地培养郑裕彤，并把女儿嫁给了他。郑裕彤成为周大福的掌门人后，将其经营发展为著名的珠宝和金饰品牌。

知乎上有一个热门问题：你在工作中的心理状态是怎样的？

"差不多就行了"这一答案获得最高票数。确实，现实中，有很多人习惯于在学习上一知半解、浅尝辄止，在工作上点到为止、敷衍了事。

但是，郑裕彤从不这样想，他把"招徕顾客"当成自己的事情，把"创造机会"当成公司和自己共同的目标。

这正如松下电器创始人松下幸之助所说："工作就是不断发现问题、分析问题和解决问题的过程，晋升之门将永远为那些解决问题的人敞开。"

所以，创新力的第一层含义，是"以创造需求、追求卓越的使命感，去识别机会、解决问题，从而创造出新的机遇和模式"。

1.2.2　创新需要批判性思维，提出新问题、打破僵局

很多年前，麦当劳的早餐奶昔卖得不好，管理层想提高奶昔的销量，于是请来许多专家进行研究。

当大家都把关注点放在提升奶昔的营养价值和口感上时，一位叫博斯特尔的研究人员对顾客进行了研究。他只关注一个问题：为什么很多人喜欢在早晨8点钟买奶昔，买完后直接离开呢？

后来，他调查发现，这是因为多数顾客喜欢在上班路上饮用奶昔。

为了满足这种需求，奶昔不能太烫、包装要严实、口味不能油腻，并且要能缓解饥饿。根据这些要求，麦当劳对产品配方和包装稍加调整，并单独开设了一条购买早餐奶昔的快速通道，很快便提升了销量。

惯性思维和经验思维，让我们在面对问题时常常陷入创新僵局。在上面的例子中，博斯特尔转换了思考角度，便轻松解决了工作中的难题。

这个例子告诉我们，真正触发创新的关键点，是发现工作中解决同构性问题的不同策略。

换句话说，不要只是从常规角度入手去寻找解决问题的答案，要学会换个角度看问题，甚至提出新问题，并从新角度入手、带着新问题去找答案。

据说，犹太父母在孩子每天放学后，会问："你今天在课堂上提了什么问题？"比起机械地学习已有的知识，犹太人更看重提问的能力。

甚至于犹太教有一个名为"四子之问"的说法，即根据提问能力的高低，把孩子分成四大类。

第一类是犹太人认为最聪明的孩子，提出的是类似于"为什么上帝要这样规定"这种追问本源的问题；

第二类是叛逆的孩子，他们会提出"上帝的规定与我何干"等问题，虽然冒犯宗教，但还是属于本源问题；

第三类是庸才，他们只会问"上帝规定的内容是什么"这种毫无批判精神的问题；

第四类是听话的孩子，你讲什么，他就记什么；你告诉他应该怎么做，他就怎么做，犹太人认为这类孩子最没有创造力。

由此可见，创新力的第二层含义，是"以批判性思维，去提出新的问题，并能独立思考，寻找新创意"。

1.2.3　心灵是一切的根源，创新力要在积累中爆发

"站在风口上，猪都能飞起来"，小米集团董事长雷军说的这句话被很多人误解，用来过度强调"机会"对于成功的重要性。

实际上，仔细观察一下就会发现，不管是企业发展还是个人成长，真正在风口处顺势起飞的，多数是那些在机会真正到来之前，已经在风口附近深耕很久的企业

或个人。

为什么会这样？

创办过两家世界五百强企业的稻盛和夫的很多思想备受推崇，我认为他的"京瓷哲学"最值得我们研究、学习。

他曾经多次讲到自己的发展之路，大意如下。

大学时我学的是有机化学，一门心思钻研石化专业，但毕业后找不到本专业工作，阴差阳错地进入了陶瓷行业；

虽然不熟悉制陶，但我带着积极的心态，想方设法地攻克难关，渐渐积累了经验和知识，几年后，我在公司崭露头角；

后来，精密陶瓷的全盛时代来临，很多人说我运气好，我却认为是我开创了这个时代，把陶瓷创新应用于汽车引擎等各个领域。

所谓"京瓷哲学"，就是要以积极的心态面对困难，不断积累知识、经验，以便当机会来临时，以开拓性的创新力，实现事业和人生的突破性成长。

这正如稻盛和夫信奉的哲学——心灵是一切的根源，是万事万物生长的种子。

所以，创新力的第三层含义，是"带着自我驱动的好奇心，不断积累能力、经验，以便在机会降临时实现突破"。

1.2.4 以跨学科的融合思维，去横向拓展，解决复杂问题

第二次世界大战初期，德军在大西洋部署了大量潜艇，对同盟国阵营的海运造成了重大威胁。由于德军使用了"恩尼格玛密码"，加密算法非常复杂，难以破译，所以德军潜艇的袭击给同盟国阵营造成了重大损失。

在这种背景下，丘吉尔下令组建了一个密码破译团队，召集了包括密码学家、通信专家、数学家、国际象棋大师、填字游戏专家在内的众多领域的专家。

在这些不同背景的专家的密切配合下，恩尼格玛密码很快被破译，扭转了同盟国阵营在大西洋上不利的局面。

破译密码，按道理是密码学家和通信专家的事情，为什么要召集其他领域的专家？

这是因为每个领域的人都有自己思维认知的局限性，将这些跨领域的专家组合在一起，更容易碰撞出思想火花，从而更具创造性，提高解决疑难问题的能力。

现实工作中同样如此，人员背景不同的跨专业团队，往往比人员背景单一的团队更有创意，解决问题更高效。

这正是企业家弗朗斯·约翰松所推崇的，用来阐释创新力提升的"美第奇效应"。

所以，创新力的第四层含义，是"以跨学科的融合思维，打破横向局限，往更宽广领域拓展的创新思考模式"。

上述 4 个方面，即追求卓越的使命感、批判性的独立思维、自我驱动的好奇心、打破横向局限的融合思维，正是衡量一个人是否具有创新力的主要因素。

"颠覆式创新之父"克莱顿·克里斯坦森曾经提到，人的创造行为只有 25%~40% 是由遗传因素决定的，这意味着，人的大部分创新技能可在后天习得。

你做好从以上 4 方面入手进行学习，提升创新力和成长潜力的准备了吗？

1.3 个人成长曲线：
赢家都擅长弯道超车

有的年轻人很聪明，也很努力，但做不出出色业绩；有的人工作多年，像"老黄牛"一样任劳任怨，却很难得到晋升，或者晋升到一定职位后再无突破；有的人年轻时工作得很顺利，中年时期却陷入事业瓶颈，找不到人生下半场的方向。

如果你有其中之一的体验，你并不孤单。

我相信，绝大多数人渴望自己的职业道路一帆风顺，最终到达成功之巅。不过，很多人因为认知水平不够，选择用战术上的勤奋来掩饰战略上的无力，导致自己在忙碌但价值低下的工作漩涡中载浮载沉。

那么，如何才能有效设计，并拥有一个顺利的职业生涯呢？

1.3.1 个人成长曲线告诉你，赢家都擅长弯道超车

管理学中有一个寿命周期理论，说企业都要经历创业期、成长期、爆发期和衰退期，画出一条成长曲线。寿命周期曲线并不是一条不断上扬的斜线，而是跌宕起伏的"S"形曲线，即企业在成长过程中，会历经多次战略转折点。

与此类似，个人的职业成长也会经历类似的不同阶段，分别为蓄能期、成长期、爆发期和衰退期，并要接受 A、B、C 3 个关键转折点的考验，具体如图 1-1 所示。

图 1-1 中的成长曲线说明，只要成长的速度足够快，起点多低都没关系，因为职场赢家往往不是赢在起点，而是赢在抓住关键转折点，实现弯道超车。

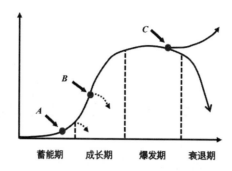

图 1-1　个人的职业成长周期曲线

　　下文将结合心理学上的达克效应（全称为邓宁－克鲁格效应），分析个人职业生涯不同阶段的成长规律。

1.3.2　从心理和技能两方面发力突破

　　个人职业成长周期曲线背后的深层心理依据是心理学上的达克效应，如图 1-2 所示。

　　达克效应由康奈尔大学心理学家大卫·邓宁和他的研究生贾斯廷·克鲁格提出，主要用于指导不同能力发展阶段的人认识自己的不足，提高评价他人的能力，从而提升个人的成长效率。

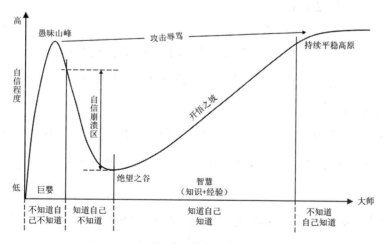

图 1-2　达克效应

下文将结合图 1–1、图 1–2 中的模型，分析个人成长蓄能期、成长期、爆发期的规律及特点。

1.3.3　蓄能期，突破愚昧禁锢，扎扎实实打磨基本功

根据达克效应，年轻人刚进入职场时，典型特征是"不知道自己不知道"，处于职业发展的懵懂期和"愚昧山峰"。

他们缺乏技能经验，往往对工作怀有超高期待和不切实际的幻想。人们经常说的"眼高手低""不当家不知柴米油盐贵"，多用于指这个时期的年轻人。

蓄能期，作为个人职业生涯的起始阶段，最应该做的是蹲马步、学功夫，像海绵一样吸收水分，让自己拼命成长，从而尽快适应社会和职场，顺利跨过图 1–1 中的第一个转折点 A。

职业技能永远是个人成长的利器，尤其是在初入职场时。年轻人应该把主要精力投入技能磨炼，因为这是未来不断提高的前提和基础。

1.3.4　成长期，避免成为"小老树"，尽快突破第二个转折点

德国作家、诗人赫尔曼·黑塞曾经这样描述新时代的到来："面对呼啸而至的时代车轮，我们必须加速奔跑，它可以轻易地将每一个落伍的个体远远抛下，碾作尘土，且不偿命。"

电影《爱丽丝历险记》中有一句台词："你必须不停地奔跑，才能停留在原地。"

过去，我们经常听说"逆水行舟，不进则退"。如今，职场生存法则已经变成"不进，则出局"。

在至关重要的成长期，年轻人必须尽快突破职业生涯的第二个关键转折点 B，加速成长并学会创造价值。唯有如此，才能避免陷入成长陷阱。

成长期最忌讳的事情，是年纪轻轻就变成了"小老树"。小老树，这是一个形象的类比，指还没长大就开始分权的树，如果一边长，一边分权，且不舍得修剪，结果就是貌似长得很繁茂，实则很难长高。

那么，应该如何突破图 1-1 中的成长期关键转折点 B 呢？

一般来说，聪明的年轻人经历了最初的蓄能期后，会发现自己的不足和缺陷，进入图 1-2 中的"绝望之谷"，即早期的盲目自信崩溃，对自己产生怀疑，充满绝望之情。

绝望之谷虽然让人痛苦，却也给人带来反思的机会。

这时候，认识到学习的重要性的年轻人开始主动学习知识，并做出各种尝试，在心理上进入漫长的"开悟之坡"阶段，知识方面，逐渐从不知到知；技能方面，从缺乏到慢慢积累。

上述这些觉醒，是一个人度过关键转折点 B 的必要条件，也是一个人能否在职业生涯中有所成就的评判要素之一。

1.3.5　爆发期，利用优势，勇于开启第二人生曲线

处于图 1-1 中的爆发期的人，在心智上趋于成熟，逐渐迈上图 1-2 中的认知的"持续平稳高原"。丰富的经验和资源，是爆发期人才的最大优势，此时，年轻人应该抓住人生中难得的黄金阶段，创造更大的价值，取得更大的成就。

爆发期末期，人们会遇到成长过程中的第 3 个关键转折点 C。这时候，经验积累速度开始放缓，知识结构趋于稳定，人的智商水平开始走下坡路。

与此同时，大家会发现自己的身体机能开始下降，很多夜熬不动了，很多知识学不进去了，甚至可能遇到职业生涯中的"中年危机"。

在此阶段，最重要的是想办法跨过关键转折点 C，开启继续上扬的"人生第二成长曲线"。

要想做到这一点，思考问题的角度应该是"我掌握的技能和资源，对什么人

更有吸引力"，并把它匹配或教授给行业中需要它的人，凭此转型为"导师"或"顾问"。

如果能顺利转型，帮助他人创造更大的价值，你的身价便不再仅仅依赖于技能。通过成就他人，你拥有的经验和资源会被激发"潜在价值"。

1.4 第一转折点：
年轻人如何突破技能瓶颈？

1.3 节，介绍了个人职业成长周期曲线，以及不同成长阶段的技能、心理特征。本节和下节，将针对图 1-1 中的 A、B 两个关键转折点进行深入探讨。

年轻人努力度过成长曲线中的蓄能期，跨越成长曲线中的第一个关键转折点 A，就像是经历一次大洗牌。当潮水退去，谁在裸泳，一眼便知。

年轻人应该怎么做，才能够顺利跨越关键转折点 A 呢？

下面将从思维、目标、行动、知识更新、技能学习 5 个方面入手，为处于蓄能期的年轻人提供有针对性的成长建议。

1.4.1　摒弃学生思维，工作中坚持成果导向

在公司进行候选人面试时，如果有候选人说"我想来学习一下"，我会开玩笑地问："那你给我交学费吗？"

其实我是想告诉对方，如果一直保持"学生思维"，把职场当成学校，把领导看作老师，会阻碍自己的成长。

在学校，你面对的是老师，老师给你出问题和考题后，会给你答案，帮助你成长。

在职场，你面对的是领导，工作是结果导向，公司聘用你，是希望你创造价值。如果你在工作中经常说自己"不会""不懂"，指望领导手把手地教，自己不能创造与工资相匹配的价值，可能很快就会被淘汰。

所以，你必须变成主动的"出题者"和"解答者"，在面对一个个任务时，基于目标提出解决方案。

学生思维的另一个表现，是害怕或回避与领导沟通。

有一次，去卫生间的途中，我看见一个下属从对面走来，明明是在朝着我这个方向走，但他看到我后，"噌"地一个拐弯，走了另一条路。我看着自己举到半空想打招呼的手，觉得尴尬又好笑。

有些人在电梯里遇到领导时也是这样，低头摆弄手机，假装很忙或没注意到领导，生怕领导找自己说话。

很多人面对领导时会感到紧张和慌乱，害怕自己一不小心说错话，于是习惯性地逃避与领导沟通。但其实，上述时机，都是让领导关注你的难得的机会。

我总结过职场中的人际沟通原则，有一条是"切忌缺胆少肺没有心"。

什么意思呢？

意思是说，对上沟通忌讳"缺乏胆量"，同级沟通忌讳"气量小"，对下沟通忌讳"不真诚"。

年轻时，一定要学会"在合适的时间，出现在合适的场合，向合适的人，表达合适的观点"，从而从容、大胆地展示自己，让领导看到自己的价值。

1.4.2　人无远虑必有近忧，用长期目标牵引人生

有这么一个故事。

在上班时，领导让下属往墙上钉一个钉子。

有人听完领导的要求，找来钉子和锤子，看着领导，听候下一步安排。领导说："看着我干什么？你左手拿钉子，右手拿锤子，用锤子往墙上敲钉子不就行了？"

下属敲了一下，停了下来。领导说："你继续敲。"下属敲了一下，又停了下来。领导急了："你倒是敲啊！"下属很委屈："领导，你没继续要求啊！"

你看，这就是典型的被动型人格。

积极主动的人会怎么做呢？

他会自行思考，领导让我钉钉子，他要的不是钉钉子这个动作，而是想把钉子钉进墙里。那好，不管是敲 3 下还是敲 5 下，我一定要把钉子完完整整地钉进去！

领导遇到这样的下属会很高兴："这个年轻人脑子好，还主动，很让我省心。"

很多人终其一生无法充分发挥自己的潜能，主要是因为在工作和生活中习惯于被动成长。

被动成长，就是缺乏有足够导向力的目标，任由自己被父母盯着、被老板逼着、被琐碎的事情带着、被各种紧急的任务拖着往前走。

在很多情况下，明明你不满意现状，但是你不知道自己要什么，也不知道自己该做什么。这会产生目标缺失的虚无感，随之而来的是对未来的迷茫和恐惧。

人无远虑，必有近忧。很多人眼前有"近忧"，是 5 年甚至 10 年前缺乏"远虑"的结果。

陷入迷茫不能自拔的人，大多是因为没有未来规划，所以现在"东一榔头、西一棒槌"，被各种临时性工作左右着时间。时间一长，便不由地感觉心慌、着急，更有甚者，干脆破罐子破摔，放弃努力。

而那些真正的成长者，对于自己未来要成为什么样的人，要做什么样的事，都有明确的思考和规划。这样一来，只要在目前各种可能的选择中不断地实践、尝试、比较、反思和总结，就可以逐渐靠近确定的、光明的未来。

1.4.3　目标不会自动实现，要分解成有效的行动方案

上文强调了长期目标的重要性，说起长期目标，让人头痛的问题来了：很多人有天大的梦想，但长期目标再宏大、再美妙，如果不能落实为有效的行动，就等于零。

讲一个案例。

有学生请教老师："我的目标是通过当保险业务员，在一年内赚 100 万元！请问我该如何实现我的目标呢？"

老师说："根据业内提成比例，赚取 100 万元佣金大概需要完成价值 300 万元的业绩。那么，每月需要完成价值 25 万元的业绩，每天需要完成价值 8219 元的业绩。这么一算，你大概每天要拜访多少客户？你现在有客户储备吗？"

学生答："每天大概拜访 50 个客户，我没有客户储备。"

老师说："就算每个客户只谈 20 分钟，你每天要用至少 16 个小时与客户交谈，还不算用在路途上的时间。你能做到吗？"

学生顿悟："老师，我的思路错了。如果我找不到大客户，按照上面这种方法去分解任务，累死也无法实现目标。"

这个案例告诉我们，目标不是拍着脑袋定下来的。目标能否完成，主要看你是否有能力将其转化为有效的行动方案。

那要怎样分解目标，才能制定出有效的行动方案呢？

按照我的经验，核心原则应该是"长期目标明方向，中期目标定方案，短期目标抓成果"。

举一个例子，你现在刚刚大学毕业，希望 3 年后成为公司的项目总监。这是一个长期目标，它是方向，并不是行动计划，因为没有人能一口吃个胖子。

接下来，你要把这个 3 年目标，分解为每一年的年度目标。

比如，第一年，高质量完成 3 个以上项目，成为项目主管；第二年，高质量完成跨团队项目 2 个，成为项目经理；第三年，绩效考核为优秀，晋升为项目总监。

这是每年的目标，是你想实现长期目标，必须明确分解出来的行动方案。没有这一步，所谓的长期目标就是没有任何意义的空想。

有了每一年的规划，接下来，需要在短期内做出具体成果。这时候，正确的工作方式应该是"边实践、边分析、边学习、边输出"，通过灵活多变的行动，确保完成每一阶段的计划。

1.4.4 把握 7 年成长周期，以终为始，管理时间

据我观察和总结，很多人的职场和人生符合"7 年成长规律"。我们可以按照这个节奏，规划自己的职业生涯。

通俗一点讲，即每个人从懂事到老去的人生旅程中，差不多有 7 次大的机会，

每两次机会出现的间隔时间大约为 7 年。

这个"7 年"只是一个概数。

为什么每个成长周期都为 7 年左右呢？

这是因为人在每个阶段的学习和成长，都有 1~2 年的探索和萌芽期；3~4 年的技能、优势高峰期；阶段内的末端 1~2 年，人的技能和知识需要更新和优化，才能进入下一次快速成长周期。

如果用拉弓射箭来类比，弓拉得太满，可能会折断；弓拉得太松，箭则飞不远。也就是说，只有节奏、效率达到某个适中的数值，实现目标的有效性才最高。

密歇根州立大学的一项心理学研究发现，当一个人觉得自己有能力掌控自己的生活节奏时，会产生强烈的自信心，从而在很大程度上削弱迷茫感和焦虑感。

这就是为什么大家可以按照 7 年周期来规划自己的人生。在这个过程中，如果你坚持"以终为始"，从长期目标出发，倒推回来思考和安排眼前的工作，会找到最适合的节奏。

1.4.5　懂得知识分类管理，死磕技能并转化为价值

为什么现如今的大部分人，宁愿用手机拍照，也不愿意用技术含量更高的专业相机拍照呢？

那是因为使用手机的拍照功能可以自动识别目标、自动调整焦距，轻松拍出满足大众需求的好看照片；而一般人就算拿着专业相机，对着家人、美景一通折腾，不断地手动对焦、调整光圈、手动构图，大概率也搞不出来什么名堂。

普通人的拍照水平，根本驾驭不了复杂的专业设备。

根据世界经济合作与发展组织的分类方法，可以把知识分为四类：事实知识（know-what），原理知识（know-why），技能知识（know-how），人际知识（know-who）。

这四类知识，前两类大多是显性的，可以通过课堂听讲和书本学习，得以理解

和吸收；后两类则大多是隐性的，必须由个人经过实践、总结经验、思考、感悟，形成自己独有的体系化知识，掌握应对实践难题的窍门，才会真正有所提升。

分析起来，一个人能否为足够多的"他人"创造价值，是能否成功的根本所在。而要为他人创造价值，主要依靠"精通的技能知识"，以及"持久深入的人际关系和学习思维"。

真正独到的隐性知识是最难修炼的，而缺少触及本质的体系化知识，有再宏伟的人生目标，恐怕也很难实现。因此，路漫漫其修远兮，年轻人还要上下而求索。

1.5 │ 第二转折点：
从业务转型管理的奥秘

对于追求快速成长的职场人来说，经过蓄能期后，会进入成长期，成长期是个人成长的关键阶段。

如上文中的图 1-1 所示，人们的职业生涯会在第二个关键转折点 B 处有一个分叉，顺利跨越该关键转折点的人会进入发展快车道，可能成长为出色的管理者，而无法跨越该关键转折点的人，常常难以找到未来的发展方向。

对于已经在业务、技术方面精通、熟练的人来说，怎样做才能顺利转型，成为一名优秀的管理者呢？

十几年前，我曾多次为华为提供管理培训。那个时候，华为便开始使用领军型管理人才素质评估模型，主要指标包括主动性、概念思维、影响力、成就导向、坚韧性等。

领军型管理人才素质评估模型看起来很好懂，但很多人在借鉴来评估管理人才，或者对自己的管理能力进行测评和寻求针对性提升时，常常感觉无处下手，不知道具体该如何操作。

下面，我将分层分类地对以上 5 个指标进行剖析，希望能为有志于成为管理者的人提供对管理能力进行评测、修炼的简化使用指南。

1.5.1　主动性

美国著名积极心理学家、哈佛大学医学博士丹尼尔·西格尔让很多人做过一个简单的实验，大致流程如下。

第一步，请闭上眼睛，缓慢而严肃地在心里默念 7 遍"不"；

第二步，睁开眼睛，环视四周；

第三步，请再次闭上眼睛，缓慢而温和地在心里默念 7 遍 "是"；

在此过程中，请用心体会和察觉身体、情绪的变化。

你会发现，反复默念 "不" 时，压抑、紧张、抗拒的感觉会充斥心头；反复默念 "是" 时，开放、平静、放松的感觉会明显起主导作用。

两个不同的词，两种不同的语气，两种不同的情绪态度，带来 "防御式大脑" 和 "开放式大脑" 的典型反应，完全相反。

消极被动和积极主动是两种截然不同的思维方式，长期作用于不同的管理者时，不同的管理者的管理能力会有巨大差别。

为了便于大家对照使用，我根据主动性的强弱，从低到高，把管理者分成 4 个等级，具体如下。

三流管理者总是被动等待，需要他人督促才能完成工作；

二流管理者能主动行动，但倾向于在职责范围内完成工作；

一流管理者能主动思考，发现现有机会和问题，想方设法地取得好业绩；

超一流管理者能创新性地预判和行动，甚至创造出稀缺的需求和机会。

1.5.2　概念思维

很多企业和个人会在 IP 建设上投入大量的广告费，广告语中满是 "品质不凡" "与众不同" "××品牌创始人" 等虚化的大词，但无法从根本上解决用户痛点，钱都白花了。

有一个叫胡辛束的姑娘运营了一个微信公众号，她给自己定了一个核心概念，即 "少女心"，所有的内容、运营都围绕这个概念展开。

比如，某一年的情人节晚上，她少女心迸发，画了一组漫画，叫作《10% 先生》。漫画中，理想男友比自己高 10%，工资比自己多 10%，年龄比自己大 10%，一切都是刚刚好的 "10%"。

这组漫画被推送后，阅读量很快过亿。由此，她的微信公众号大获成功，以至于很多用户想起少女心，就想起胡辛来，与此有关的赞助商也陆续找了过来。

很多管理者推崇所谓的"思想深刻、看透人生"，动不动就讲几句看似很有内涵，实则让人听不明白的"金句"，殊不知这样往往很难抓住目标受众内心的真实需求，难以透过表象直达核心，更难以提高自己在没有明显联系的事物之间概括出本质特征的思考能力。

这种思考能力，就是概念思维力。对于概念思维和概念能力，我们将在第 2 章中详细探讨。

下面根据概念思维力的强弱，从低到高，把管理者分成 4 个等级，具体如下。

三流管理者脑袋里总是一团糨糊，遇到问题想不明白；

二流管理者懂得简单类比，可以复制此前的类似经验；

一流管理者能触类旁通，以点带面地思考和解决问题；

超一流管理者能深入浅出，不但能看透复杂事物，还能将其本质总结为简单易懂的概念，让别人理解和执行。

1.5.3　影响力

我很喜欢下面这个故事。

某年轻人所在的团队接手了一个项目，由于沟通失误，项目延期，客户大怒。所有人都惶恐不安时，项目经理带着团队来到客户公司。

该经理没有任何推卸责任之举，他首先承认自己管理不当；然后提出解决问题的办法，让客户看到完成目标的可行性和保障；最后立下军令状，恳请客户再给一周时间，如果完不成项目，他任凭责罚。

在此过程中，项目经理态度恳切、不卑不亢、信心十足，最终，客户被他的勇气和担当所感动，答应了他的请求。

据那位年轻人事后回忆，在他们坐出租车回公司的路上，没有人说话，大家都被经理深深触动。

用那位年轻人的话来说："那时候，坐在出租车里，我从侧面看向经理，感觉他身上有光。"

回去后，所有团队成员拼尽全力，按约定完成了项目交付。从此以后，这个项目组，成为公司内知名的战无不胜的铁军团队。

管理者的影响力来自哪里？来自自身的品质和领导力。足够强大的人，会散发让人信服的人格魅力！

下面根据影响力的强弱，从低到高，把管理者分成 4 个等级，具体如下。

三流管理者容易盲从，不会有效地表达和影响他人；

二流管理者总是讲道理，力图用语言去说服他人；

一流管理者能换位思考，从他人角度思考并施加影响力；

超一流管理者会通过自己的模范行为散发人格魅力，让他人信服。

1.5.4 成就导向

成就导向和成果思维，是衡量一个人是否具有管理者思维的重要指标，那么，这方面的能力应该如何提升呢？

下面来看唐僧的例子。

试想一下，《西游记》中的四人取经团队中，唐僧有什么个人优势呢？

他手无缚鸡之力，降妖除魔的能耐完全无法与孙悟空相提并论；

他沟通能力差，论察言观色、与人沟通，比不过猪八戒；

他细皮嫩肉、吃不了苦，论执行力，不如沙僧；

他没本事也就算了，还顶着一身好皮囊，引来无数妖精和磨难。

就是这么一个人，靠什么成为西游团队的领袖，带领徒弟们克服种种困难，最终取得真经回到大唐呢？

他靠的是成就导向，即拥有完成任务、追求卓越的强烈愿望。

我们常说的"自驱力""目标感"，指的就是成就导向。

下面根据成就导向的强弱，从低到高，把管理者分成 4 个等级，具体如下。

三流管理者安于现状，不追求卓越和持续进步；

二流管理者有工匠精神，追求技能上的不断精进；

一流管理者会设置有挑战的目标，不需要被监督与催促；

超一流管理者拥有强烈的成就导向思维，永不止步、自驱力强。

1.5.5　坚韧性

先讲一个故事。

有一位知名保险销售大师，即将结束其职业生涯，他的告别大会吸引了数千位精英人士前来参加。

当听众问起助他获得成功的销售秘诀时，大师微笑着表示不必多说。这时，全场灯光暗了下来，4 名彪形大汉抬来一个下面垂着一只大铁球的铁架子，放在台上。现场听众都很困惑。

大师走上前去，用一把小锤子敲了一下铁球，铁球没有动。隔了 5 秒钟，大师又敲了一下铁球，铁球还是没有动。

接下来，大师每隔 5 秒钟就敲一下铁球，持续不断，虽然铁球始终不动。几分钟后，台下的人群开始骚动，陆续有人离场而去。大师不受影响，仍然静静地敲着大铁球，台下的人越走越多，渐渐地，留下的只有几百人了。

大师继续敲，铁球终于开始慢慢地晃动。50 分钟后，铁球开始大幅摇晃，台下一片哗然，大家目瞪口呆。

这位大师想告诉大家，成功靠的是什么？是坚韧！

很多聪明人不够坚韧，够坚韧的人却又常常冲劲不足。取得成功的人，不一定极为聪明，但一定能坚持到底。

下面根据坚韧度的强弱，从低到高，把管理者分成 4 个等级，具体如下。

三流管理者受不了批评，经不住压力，一有压力就躺平；

二流管理者勤勤恳恳、任劳任怨，但未必能做出好的业绩；

一流管理者善于转危为机，常常能顶住压力，把事情干成；

超一流管理者乐于承担压力，能系统地从根本上发现问题、解决问题。

上面这 5 个指标，就是一个人要成为优秀管理者所需要思考的要素。希望这些分析，能帮大家顺利度过成长期的关键转折点。

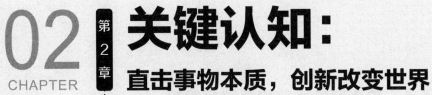

02
CHAPTER

第2章

关键认知：
直击事物本质，创新改变世界

为什么汗水不一定能换来累累硕果？

为什么付出不一定有回报？

为什么看似同样努力，取得的成就却可能差异巨大？

人与人之间的差异，在很大程度上由"关键认知能力"，以及随之而来的"终身学习效率"决定。

这些关键认知具体来说有哪些呢？本章将详加分析。

2.1 工作记忆：
高手与普通人的认知区别

2.1.1 防止你的大脑被系统化编排

很多人的认知力、学习力偏弱，并不是因为故意不想学习，而是因为无法深度思考和保持专注，这缘于他们的大脑已经被"系统化编排"。

据说，犹太人每周都会找一个早上，在社区内组织规律性集会，来集体讨论、深度学习希伯来犹太文字，以及犹太人的传世典籍——《塔木德》。

每个犹太人都会有一个学习伙伴，来帮助自己将学习到的内容推向认知极限。他们的学习要求极其严格，富有极高的挑战性。

这种不断挑战认知极限的学习非常有意义，人类行为学专家克利福德·纳斯描述如下。

在数字化时代，人们不断在网络上切换注意力的行为，会对大脑产生长久的负面影响。注意力长期分散的人，无法维持长久的工作记忆。他们会启用更多的与当前任务无关的大脑功能……他们基本上是心智残疾的。

纳斯发现，大脑习惯于随时分心后，即使想让它保持专注，它也很难做到。那些无法专注的人，大脑已经被编排成低效的"处理器"。

所以，要想提升注意力、克制分心的欲望，需要通过针对性训练来重新编排大脑，使它更适应长期专注于一项任务。为此，大家需要从心理和技能两方面入手，调整自己的学习时间和认知方式。

当然，这并不是让大家完全放弃休闲活动，只是建议大家转变用大部分业余时间休闲娱乐，仅拿出部分时间来专注于学习和工作的生活习惯，反向而行，学会从专注的学习、工作规划中，抽出少量时间来娱乐和散心。

2.1.2 高手与普通人的根本认知区别

很多人在工作和学习中难以自律、无法进行深度思考，不是因为他不想，而是因为他的大脑不支持。具体来说，是因为其大脑的"工作记忆（Working Memory）"容量不够。

工作记忆是认知心理学概念，类似于计算机的内存系统，是大脑对信息进行暂时加工和存储的记忆系统，容量有限，在人们的复杂认知活动中起着重要作用。

作为一种信息加工系统，人的大脑会对其所接受的外界信息进行模式识别和加工处理，并将其放入长时记忆中储存起来。在需要应用时，长时记忆中的某些信息会被临时调用，这些信息便处于活动状态。

记忆易被抹去并随时更换，因为它们只是被暂时使用，用过后会返回长时记忆中。想在有限的大脑容量中处理更多的思考素材，关键在于提升个人的认知空间和认知力，认知空间的大小和认知力的高低，是高手与普通人的重要区别点。

通俗地讲，认知空间和认知力得以提升后，人能够对更多信息进行压缩编码并存储于大脑，为以后处理问题提供认知模型。

现实生活中，有很多父母总是抱怨孩子不做正事，只会玩游戏、刷手机。他们不明白，这是因为孩子没有养成深入阅读和深度思考的习惯，其大脑无法应付所谓"正事"的信息处理强度。

虽然这些孩子的大脑处理不了复杂的事情，但是其活跃的意识渴望信息的输入，于是，他们会用低思考强度的"垃圾内容"消耗多余的能量。最为可怕的是，这些低思考强度的网络爽文、短视频和游戏内容大量进入孩子的大脑后，会进一步降低其大脑的思考力和认知力。所以，与其抱怨，不如帮助孩子开始改变。

2.1.3　如何提高工作记忆和认知力？

佛罗里达州立大学心理学教授安德斯·艾利克森研究指出，一个人遇到的挑战越大，大脑受到的刺激和改变就越大，学习效率会更高，但是，过分逼迫自己可能会导致倦怠。

因此，对处于你的舒适区之外，但距离不太远的区域发起挑战，能够让你的大脑做出最快的反应，迅速积累必要的技能。而随着技能的积累和娴熟，你的心理会更稳定，心态会更积极，这会反过来刺激大脑的进一步发展。

大脑和肌肉一样，用进废退。要想提高大脑的工作记忆能力，除了要保证营养充分和睡眠充足，还要持续通过深度学习、深度工作来锻炼思考力。

下面一些方法，是锻炼工作记忆能力的可行方法。

阅读长篇幅的高质量小说和专业著作，来训练速读和理解能力。

学习新语言或者背诵诗歌，来训练语言和表达能力。

在阅读过程中穿插进行回想，理解文章逻辑，展开联想练习，来训练逻辑和写作能力。

……

另外，现在有很多人提倡用思维导图等学习工具来归纳结构化的知识点，建立新的知识联系并强化记忆，这也是一种有意识的思维训练方法。

只有带着积极的心态不断练习，改善工作记忆和认知能力，才能够充分发挥自己的潜能。

2.2 | 概念能力：
用创新的见解改变世界

前段时间，有一位企业创始人约我见面交流。寒暄几句后，他就如竹筒倒豆子一般，毫无保留地向我倒起了苦水。

此后的两个多小时，除了我偶尔打断他并提出几个问题，剩下的时间都是他在说。这位企业创始人的思路极为发散，我试图跟上他的思路，但难以成功。

听他毫无逻辑地讲了许久，我心里竟然忍不住升起一股怒火。显然，这是一位思维混乱却毫不自知的人。

讲到最后，他把企业的主要问题归结于高管团队的能力不行，理解不了他的战略思想。

我没客气，直接提醒他："你有没有意识到，别人理解不了你的战略思想，也许是因为你的概念能力需要提升呢？"

工作中的高手，不一定要什么业务都懂，什么技术都会，但一定要拥有较强的概念能力，只有这样，才能深刻认识事物的本质规律，透过现象直达核心问题，并经过自己的创新思考，输出简单易行的实操方法。

那么，到底什么是概念能力，我们应该如何高效地学习、构建和使用它呢？

2.2.1　不是简单命名，而是精准下定义

如果让你给"市场营销"下一个定义，你会怎么界定？

有人说，市场营销是活动推广；有人说，市场营销是降价促销；有人说，市场营销是打广告。

请注意，所谓"下定义"，是指用简洁、明确的语言，指出被说明对象的本质特征，

把被说明对象与容易与之混淆的事物区别开来。

上面的几种说法，都是在描述市场营销所表现出来的现象，而不是其本质。哪怕是工作经验丰富的人，很可能也只是长于"命名"，而欠缺"下定义"的能力。

什么是命名？就是给一个物品或一个事物定一个名称，人为地在某个词和某个物品或事物之间建立联系。

比如，"榆树""槐树""枫树"，这是给不同的树命名，能够在具体树种和人的认知之间建立联系。注意，仅仅通过这种命名，大家无法了解这些树在严谨的植物学中所属的植物体系类别。

要想了解这一点，大家需要依靠下定义的方法，按照植物拥有的器官的不同，进行植物类别的划分，并在此基础上将目标植物归入"门纲目科属种"科学体系。

现代管理学之父彼得·德鲁克一直强调，想成为卓有成就的管理者，一定要养成有效思考的习惯。衡量思考有效性的主要标志，是一个人有没有深刻、独到的见解。

形成深刻见解，主要依靠概念能力。

用这种逻辑看"市场营销"，如果将其定义为"构建和深化企业与客户的关系"，就能够触及其本质，构建完整的概念体系了。

根据上述定义，从客户的角度来看，市场营销是以企业为主体的宣传行为；从管理者的角度来看，生产制造、人力资源等各种职能，都必须要为市场营销服务；从研究者的角度来看，市场营销是企业的核心职能，需要一套独立的工作方法论。

《道德经》第 42 章中说："道生一，一生二，二生三，三生万物。"而发现事物本源的"道"，主要依赖于概念能力。

2.2.2 不是简单罗列，而是系统化思考

概念能力弱的人，即使获得了成功，也常是知其然而不知其所以然。概念能力强的高手，却能够在不同的环境中，保持高效且稳定的输出。

为什么呢？这与高手普遍具备的系统思维有关。

所有系统，都包括 3 个关键要素：个体（或称为要素）、关联、目的（或称为功能）。

也就是说，要在不同的环境或系统中稳定输出，关键是要理解系统存在的基本目的，并通过个体要素的组合、创新、关联，找到高效的问题解决方案。

比如，近几年，国内各航空公司的航班延误率降低了很多，表面上看，好像航空公司的管理效率进步很大，但仔细观察，会发现航空管理部门把航班的平均计划飞行时间拉长了，也许这才是延误减少的主要原因。这是改变了航空管理系统中个体的关联关系所致。

又如，猎狗追逐野兔经常失手，很多人以为野兔的奔跑速度比猎狗快，但其实不一定，因为追到野兔对猎狗而言只不过是多了一顿午餐，而对野兔而言意味着失去生命。在猎狗追野兔这件事情上，两个"主角"拥有完全不同的动机和目的。

要知道，不同个体的目的、动机，对于其行为和结果有着不同的影响力。改变个体或系统的目的，会对个体的行为及系统的关联关系产生重大影响。

人们赖以发现事物本质规律的概念能力无法通过简单地比较、罗列表面元素获得，只有经过系统化思考，才可能抓住问题的主要矛盾，提出创新而稳定的解决方案。

由此可见，很多人推崇的"透过现象看本质"存在一个基本前提，即要具备"不绕圈子、直达核心"的概念能力。

2.2.3　不能只靠经验，创新的见解才有价值

有一位朋友曾问我："为什么我有 10 多年的工作经验，却找不到合适的管理岗位？"

经过一番交流，我发现深究起来，他只是把用一年时间积累到的工作经验，重复使用了 10 多年而已。

养成核心能力，需要打破两种"短路式循环"怪圈。

第一种，是从具体工作中得到经验后，能简单地复制到类似的工作场景中，却

无法融会贯通，用以创新性地解决复杂的新问题。

第二种，是通过书本和课堂学到理论知识后，能经过思考输出一些重新整合的理论，却无法应用于实践，用以真正解决问题和创造价值。

我把前者称为"经验主义的陷阱"，把后者称为"理论主义的陷阱"。

中国人民大学商学院的杨杜教授，提出了管理者终身学习的"深度学习循环"，将人们进化为优秀管理者的学习过程分为实践、经验、思考、理论 4 个阶段。

现实中的高手，往往能够打通实践、经验、思考、理论的完整循环。

换句话说，现实中的高手能够通过自己的思考和感悟，从每一次的实践经验中，创新性地总结和输出"属于自己的理论"，并把这些理论应用于新的实践，得到新的经验，并继续思考……好像打通任督二脉一样，让自己的知识不断更新和升华。

这种不断打破认知局限的"深度学习循环"，就是提升概念能力的主要方法。

要知道，在实际工作中，凡是说不出来、写不出来、不能灵活地创新应用、不能转变为价值的"知识"，都不是真正的知识。

2.2.4　不能只靠堆积知识，要将复杂问题简单化

在本节开头的案例中，那位企业创始人为什么思维混乱、讲话和做事都理不出头绪来？因为他缺少"复杂问题简单化"的思维能力，而这正是拥有概念能力的基本条件。

曾看到这么一个故事。有一家工厂的机器出了故障，无法运转，请教很多专家都没找到原因所在。

后来，厂长花大价钱，请来了一名退休的老工程师。老工程师东看看、西敲敲，为机器换了一颗螺丝钉，机器就重新运转起来。

有的人觉得这笔钱花得亏，他们不懂，这笔钱买的并不是一颗螺丝钉，而是老工程师几十年的工作经验，以及用无数次失败的经历总结、简化而成的"诀窍"。

稻盛和夫曾这样总结聪明人做事的特点：聪明人做事，都是把复杂问题简单化，

而不是把简单问题复杂化。

从这个角度来看，概念能力的内核是"大道至简"——不是简单地罗列、堆积知识，而是洞察事物本质、透彻理解规律，从而深刻改变世界。

2.3 正确归因：剥洋葱式地洞察事物本质

生活和工作中，人们会遇到各种各样的难题。遇到难题，我们应该拨开迷雾，了解现象背后的本质，争取从根本上解决它。

这样，即使当下的事情未能做好，大家也会明确知道自己犯了什么错误，从而避免再次失败。同理，事情做得好，要复盘、总结成功的经验，以便再次遇到类似情况时，持续实现可复制的成功。

要想实现上述目标，需要掌握一种关键技能——归因推理，即追溯事情本质原因的分析方法。

2.3.1 归因推理的含义和应用

归因推理，也叫溯因推理，指人们在面对问题时，要有能力先看到可能的结果，再思考、分析，最后把事情发生的原因推导出来。

一名啤酒销售员向老板汇报："老板，我发现一个规律，现在很多家庭有了孩子以后，啤酒的购买量会上升。"

老板问："为什么？"

啤酒销售员说："我想，可能是因为太太生了孩子以后，会把照顾孩子当成生活重点，这让孩子的父亲很郁闷，加上需要承担的家务急剧增加，很多父亲会买啤酒回家解愁。"

老板答："哦，明白了，有道理。"

这个过程就是归因推理，被问"为什么"时，根据自己的分析给出原因和答案。

在现实生活中面对复杂的问题时，要怎么做，才能确保归因过程不会出差错呢？

2.3.2　思考问题多用归纳推理，沟通汇报多用归因推理

我们在分析问题时，常用到归纳推理。在某些应用场景中，归纳推理和归因推理的思考过程是相逆的。

举一个例子。

比如，你是孙悟空，猪八戒对你说："师父又被妖怪抓走了，我们来分行李吧。猴哥，你看怎么分行李合适呢？"

假设你同意大家分行李散伙，那么，这个问题你该怎么回答呢？

和遇到所有问题时一样，你需要明确思考问题的思路。该如何思考呢？

有 3 个逻辑顺序可选择，分别是时间顺序、空间顺序和重要性顺序。

时间顺序，是按照事情发生的先后时间进行分析。你可以对八戒说："按照加入取经团队的先后顺序来挑选行李吧，我最早，你其次，沙僧第三。"

空间顺序，是按照事物的结构特点进行分析。你可以对八戒说："俺老孙文化程度比较低，经书归我吧；八戒，你比较好吃，食物归你；沙僧法术比较差，回家比较艰难，白龙马归他。"

此外，还可以按照重要性顺序来分。你可以对八戒说："按照贡献大小来选行李吧，打妖怪最多的是我，其次是你，最少的是沙僧，就按照这个顺序，来挑选自己喜欢的行李吧。"

你看，对于八戒要分行李的要求，你有至少 3 种解决方法。

以上 3 种逻辑顺序都属于归纳推理，即把一组有共同点的事实、思想或观点进行归类分组，概括出它们的共同性，进行思考分析并推导出相应的结论。

反观归因推理，是先有结论、观点、结果，再进行思考、分析，最后把事情发生的原因推导出来。

根据美国商业作家芭芭拉·明托提出的"金字塔原理"，如果你在思考过程中，从金字塔的顶部往下看，先有一个结论，再反问为什么，基本上属于归因推理；如果从金字塔的底部往上看，则基本上属于归纳推理。

金字塔原理的精髓，是建议大家与他人沟通时，遵循"结论先行、逻辑递进"的原则，即多进行归因推理。

为什么呢？因为归因推理符合人的大脑接收信息的规律。先讲观点，再讲理由，一是便于对方听懂，二是帮助对方理解得更加轻松、愉快。

此外，使用归因推理法时，建议多用"为什么"这个词来引导大家的思路，因为"为什么"的使用能够带来很强的场景感和节奏感，便于引导听众一步步跟着说话者的节奏，进入具体的场景。

2.3.3　善用 5why 分析法，剥洋葱式地进行归因

归因推理不是天马行空地分析，而是通过不停追问，抽丝剥茧地深入探究，让问题背后的根本原因逐渐显现。

这方面最著名的，是丰田公司提出的"5why 分析法"，即出现问题时，连续问5个"为什么"。

下属向领导汇报工作，说项目没有按期完成。作为领导，会有什么反应呢？肯定要问："为什么项目会延迟完工？"

下属说："因为人手不够。"

这时，领导可以问第二个问题："为什么人手不够？"

下属说："有两名核心员工突然离职，一时间招不到合适的人，耽误了项目进度。"

根据第二个问题的答案，领导可以问第三个问题："为什么核心员工突然离职呢？"

下属说："因为他们不服从管理，我批评了他们。"

这时，领导继续问第四个问题："为什么他们不服从管理？"

下属说："因为他们觉得我待人不公平。"

领导顺势再问第五个问题："为什么他们觉得你待人不公平？"

下属说："也许是因为我欠缺管理经验，没有把每个人的责权利界定清晰。"

你看，经过这样一层一层追问，剥洋葱式地把问题剖开，就能找到产生问题的根本原因，否则大概率治标不治本。

2.3.4　警惕错误或预设前提的归因

有一个比较有意思的现象——同一件事情，遇到问题找原因的时候，如果是自己做错了，大部分人会表示事出有因；而如果是别人做错了，很多人喜欢归因于他人的人格。

与此类似，在很多时候，当事情取得成功时，很多人会归因于自己的能力或努力；而当出了问题时，不少人会归因于他人或外部因素，给自己找一个可以撇清责任的理由。

这是人趋利避害的本性使然。

比如，去年，小明负责了一个项目，年终测算发现有盈利时，小明会认为是自己刻苦努力得来的，是自己的功劳；年终测算发现亏损 500 万元时呢，小明很可能会归咎于去年的市场行情，认为有不可控因素影响了项目收益。

正确的思考对于助力成长非常重要，大家一定要学会正确的归因推理方法。

2.4 成事思维：
如何避免聪明反被聪明误？

2006 年博士毕业后，我开始在北京大学任教、指导研究生，同时为多所高校的 MBA（工商管理硕士）、EMBA（高级管理人员工商管理硕士）、高管培训班授课。在此过程中，我见过一些特别聪明的学生和身为管理者的学员。

但与此同时，我也常常看到，职场中有很多并没有他们聪明的人，取得了远超他们的职业成就，这是为什么呢？

毫无疑问，聪明是一种与生俱来的天赋，高智商在职场上是一个巨大的优势。但如果不小心，聪明人也有可能被天赋所诱惑，阻碍自己的成长。

那么，如何避免"聪明反被聪明误"呢？

2.4.1 变单打独斗为团队合作

普渡大学生物进化学家威廉·缪尔曾设计了一个实验，研究如何提高养鸡场中产蛋鸡的生产率。

他把产蛋鸡分成了两群：一群是生产率一般的"普通鸡"；另一群是生产率较高的"超级鸡"。

经过 6 代的生存繁衍，缪尔惊奇地发现："普通鸡"几乎个个身形结实，羽翼丰满，鸡蛋产量稳定增加；而"超级鸡"只剩下了 3 只——其余的"超级鸡"全被这 3 只鸡啄死了。

很多聪明人犹如"超级鸡"，有着强烈的竞争意识，把身边所有人当成竞争对手，不愿意分享成功方法和经验，害怕别人会比自己成功。

与此同时，这些聪明人还喜欢单打独斗，不愿意与一个需要花很长时间磨合的同事合作，因为他们经常觉得对方是累赘，自己一个人能把任务做得更快、更好。

但是，在职场中做出成绩的员工，往往具有利他思维。他们不会总将同事当作对手，而是经常主动给予帮助，因为他们知道，放大别人的价值，就是放大自己的价值；帮助别人成长，才能够进一步激发和帮助自我进步。

在实践中，用积极分享获得别人的尊重和信任，是放大自身价值的关键一步。

我给一家创业"独角兽"企业的创始人担任管理顾问，该创始人在回忆自己的成功历程时，特别提到一件事。

小学三年级时，他因家庭原因转到另一个镇读书，刚转学时，他经常被新认识的同学欺负。

但转学后的第一次期末考试后，因为考了全镇第一名，他顿时成了班上很多同学的偶像，经常被请教、求助。

他不计前嫌地给予帮助，在讲题的过程中，他渐渐发现，这不仅帮助了同学，自己也有了新的收获与感悟，知识掌握得更加牢固了，由此带来的成就感也化为内驱力，激励他走得更远了。

2001 年，他研究生毕业，进入一家大公司后，继续带着这种利他思维，主动帮助同事和渠道合作伙伴解决问题，并不断分享自己在工作中积累起来的经验。

这种积极分享的习惯，让他的工作业绩一直保持优秀，在日后创业时，他更是因此获得了很多同事、朋友的鼎力支持和帮助。

现代管理学之父彼得·德鲁克一直强调团队精神对于目标实现的重要性，认为不能融入团队目标中的个人，会伤害组织效率和团队文化。

要知道，地里杂草丛生，庄稼就无法生长。因此，在此提醒所有"聪明人"，不要做破坏团队整体效率的"杂草"和"超级鸡"。

2.4.2　培养耐心，踏踏实实打磨每件事

就成功而言，很多时候，坚持比天赋重要。

可惜的是，有很多聪明人非常缺乏耐性，他们认为自己应该发展得比普通人更快、机会更多，所以稍有不顺就选择变换赛道，最终一事无成。

我见过一个聪明的学生，毕业后的第一份工作是做数据分析师。刚工作不久，他就抱怨工作太无聊了，就那么点儿东西，算来算去的，竟然还有同事天天加班，不知道效率为什么那么低！

几个月后，他转行去做销售。开拓市场阶段，他斗志昂扬，但业务量稳定后，他又开始抱怨，自己每个月随便跑两天，业绩就能进前三，那些同事天天在客户那儿耗着却签不下单子，真没劲！

后来，他转去做品牌推广工作，同样觉得团队里的其他人跟不上自己的思路。

就这样，兜兜转转近十年，现在的他待在家里，以到处收集小道消息炒股为生。

每每想起这个学生，我都觉得可惜。要知道，职业生涯是需要技能积累的，欲成大事者，最好先在一件事上持续精进，把自己打磨成高手后，再争取向相关领域拓展。

稻盛和夫曾如此总结自己的成功之道："若要我寻找成功的理由，也许我的天赋、才能不足，但我有一条单纯而坚定的指针，去追求自我精进。越是复杂的问题，越要根据简单的原理和朴素的思想，去进行判断和行动。"

如果能不骄不躁、坚持不懈地去做那些看上去平凡、简单的工作，认认真真地打磨透它，它一定会成为你事业成功的重要基石，助你由平凡变为不凡。

2.4.3　不要过分倚仗优势，逃避下苦功的痛苦

经过多年的观察、研究，我发现，聪明，从来不是成功的充分条件。

虽然很多聪明人能找到解决问题的捷径，但也正是因为在这方面有优势，他们常常自我感觉良好，拒绝持续精进技能，最终撞得头破血流。

我指导过一个女下属，人很漂亮，且特别会来事儿。大多数时候，客户不会为难这个高颜值的聪明女孩，所以她的业绩一直处于中等偏上的位置。

专业技能一直是她的软肋，我多次提醒她要把短板补上，但她总说自己对技术无感，既然目前业绩不错，何苦要花功夫钻研枯燥无味的专业技能呢？

没想到几年后，行业发生了变化，越来越多的客户是技术出身，她沟通时越来越吃力，而临时抱佛脚让她失去了很多大单，业绩一路下滑。

单一的路径依赖，往往会限制人们的成长。

正如美国发明家、企业家史蒂夫·乔布斯所说："Stay hungry, Stay foolish.（求知若饥，虚心若愚。）"别把自己想得太聪明，才能潜心于工作，从中获得启发，悟得真正的成长之道。

心理学上有一条规律，即每一件事的自律，在前期是兴奋的，中期是痛苦的，后期是享受的。

多数人无法在长期且有益的事情上保持自律，他们习惯于逃避下苦功带来的痛苦，总是在中期选择放弃，让自律停留在"最痛苦的阶段"。

这是不是很讽刺呢？

2.4.4　越过认知障碍，让自己摆脱愚昧

聪明人之所以觉得自己聪明，通常是因为从上学到工作，从学习成绩到业绩口碑，一路走来，得到了太多的正面评价。

过多的顺境和夸赞，难免让他们过于自信地高估自己的能力，沉浸在自我营造的虚幻优势中，处于无知者无畏的"愚昧之巅"。

这就是第 1 章提到的"达克效应"重点强调的规律。

我见过一个毕业于国内某名校、曾就职于互联网大厂的年轻人，刚刚加入某上市公司时，老板对他格外器重，同事们也很尊重他。

久而久之，他开始膨胀，总觉得自己是大材小用，不把任何人放在眼里。

有一次，公司有一项重要任务，所有人都举荐他负责。他自鸣得意、疏于深究，结果在与客户签订的合同上栽了大跟头，给公司带来了巨大的损失，还毁掉了自己

在行业中的名声和大好前程。

他认为自己是被同事和领导"捧杀"了，但其实，"杀死"他的，是他的愚昧和自大。

切记，一定不要让你的聪明，成为阻碍你成长的障碍。

只有时刻保持空杯心态，清醒地意识到自己的"无知"，并愿意不断获取新知识，持续拓展认知眼界，进行总结和反思，才能一次次突破个人的认知盲区，取得与天赋相匹配的成就。

2.5 | 逆境修炼：
获取身心觉醒的黑色生命力

美国著名心理学家乔丹·彼得森描述过自然界中的一个有趣现象。

在海底生活的龙虾会划分区域，圈定属于自己的领地。当几十只龙虾在一块地盘上迎面相撞时，为了争夺安身之所，它们会举着钳子互相攻击、扭打。

竞争后，更强的龙虾会占领地盘，失败的龙虾则会信心全无，甚至为了适应卑微的地位，彻底重构大脑，完成从"掌权者"到"被统治者"的身份转换。

这种"胜者为王，败者认命"的生存机制，让龙虾很难向更高的生命形态进化，这与人类这种高级动物的进化之道差异很大。

我经常被人询问："普通人和高手的差距，究竟在哪里？"

很多时候，在于面对逆境的方式。

真正的高手面对逆境时，不会像失败的龙虾一样放弃自我，而是咬碎了牙也要爬起来，坚持把事做好，微笑着迎接困难，努力寻找反败为胜的契机。

那么，面对逆境，普通人要想进化为高手，需要完成哪些修炼、做出哪些转变呢？

2.5.1　获取黑色生命力，从绝望走向身心觉醒

在外人看来，很多企业家和成功人士是聪明且幸运的，好像他们从小到大，干什么都是一帆风顺，一路升级打怪，无往不利。

真实情况并不是这样。成功人士和普通人一样，都不可避免地经历过备受煎熬的人生低谷和让人绝望的至暗时刻。

两者的区别在于，是及时振作，穿过黑暗，还是就此被击垮，沉沦于黑暗。

美国心理学家艾美·维尔纳在20世纪末用了几十年的时间，对夏威夷某小岛上的698个孩子进行了长期的追踪研究。这698个孩子，都成长在极端贫穷、父母有酗酒等恶习的环境中。

按照一般人的认知，成长在这种环境中的孩子，人生基本上是没有希望的。但出人意料的是，这其中有1/3的孩子，长大后是自信、能干、关心他人的优秀成年人。

基于这项研究，维尔纳提出了"修复力"概念。后来，这个概念被很多大众媒体称为"黑色生命力"。

这些经历过至暗时刻，且成功走出黑暗的人，真正做到了"百炼成钢"。

相比于普通人，他们拥有更复杂、更广泛的体验，知道如何与悲痛、绝望等情绪共存，且比一般人更懂得如何与他人共情。

更重要的是，这些经历过创伤的人，拥有对复杂现实的深刻认知和理解。

比如，面对"本该最爱我的人却伤害我最深""人到中年事业却陷入低谷"等复杂局面，他们更少地感到意外；他们很清楚事物没有绝对的好与坏，不会一味地对世界抱有美好幻想；他们更加依赖于自己，却也懂得感恩，珍惜人与人之间的关系。

现实中的高手和强者，大都经由至暗时刻淬炼而来。获取黑色生命力，从绝望走向身心觉醒，是普通人破茧成蝶的机会。

2.5.2　人生在世，全靠演技，从自我否定转向自我激励

曾经有一个年轻的女孩，收到猎头的邀请，目标职位是一家知名公司的总裁助理。

那时，女孩刚工作一年，纠结了很久。工作经验不足、表达能力有限、性格有点内向……她给了自己无数否定，放弃了这个机会。

5年后，因为工作沟通需要，她认识了这家知名公司的总裁。她对总裁说："5年前，我差点成为您的助理。"总裁说："你现在依然可以来，要不要试一下？"

她又退缩了，总裁遗憾地说："机会不会再三等你的。"

很多人面对机会时，就像这个女孩一样，不断地自我否定，给自己打上"不行"的标签，还没踏上去战斗的路，就缴械投降了。

我见过的高手性格迥异，有人喜欢吹牛，有人极为低调；有人喜欢摆谱，有人特别务实；有人酷爱读书，有人拿起书就头疼……但不管性格如何，他们都有一个共同点，那就是特别擅长"表演"。

想当演员，就相信自己擅长表演；想当企业家，就相信自己有经营天赋；想成为领导，就相信自己有人格魅力……

美团著名社会学家罗伯特·金·默顿，提出了"自我实现预言"概念。

自我实现预言，是指一种原本不现实的期待或信念，可引起一系列以该期待或信念为出发点的互动，互动的结果，竟然是原来并无根据的期待或信念变为事实。

想成为任何一个行业的高手，首先要相信自己足够有潜力，然后假装自己足够优秀，并说服"现实中的自己"努力向着"理想中的自己"进化，最后，两个"自己"相遇，你就当真实现了目标。

或张扬，或低调，或儒雅，或直爽，或自视甚高，或人畜无害……高手们都在或有意，或无意识地按照内心的"剧本"，向别人展示自己的"风骨"或个性，同时向世界展示自己的独特影响力。

"人生如戏，全靠演技"，你明白了吗？

2.5.3　转换价值获取方式，从消费模式转为创造模式

仔细观察，你会发现生活中的大部分人，是实际上或心理上的"消费者"。支撑种种消费行为的，有金钱，有时间，还可能有一颗不安于现状的心。

比如，用两个小时刷短视频，是时间上的消费；一边写报告，一边和朋友聊得热火朝天，一心两用，是注意力上的消费；买了一堆最新款，却只会穿一两次的衣服，是金钱上的消费……

这些消费行为，只能在短时间内给普通人带去满足和"爽"的快感。

真正的价值创造高手，不会满足于别人设计好的"付费即得型"消费，因为这些单纯耗费时间、金钱的消费行为，会让一个人在别人精心设计的路径中，不知不觉地深陷。

高手经常在进行各种消费时把自己带入其中，去思考如果自己是消费产品的创造者，应该怎样创造出更好的产品或价值；

高手看一篇文章或一本书，会想自己要是写一篇类似的文章或类似的书，会怎么进行输出，这叫"以输出倒逼输入式"学习；

高手看一场球赛，会思考球队战术及赛事运营，看看对自己的创业或工作有没有启发，这叫"案例推演式"创新；

高手接触供应商、客户或同事，除了完成工作任务，常乐于分享经验，以便让彼此变得亲密，这叫"时刻为人际账户充值式"价值工作法。

……

请记住，所有好的产品、服务和工作流程，都是经过精心设计的。

当你不满足于被安排或被动地消费，想尝试用自己的方式还原或改进其消费过程时，你就从消费者变成了创造者，从被动的接受者变成了主动的价值输出者，从浅层思考者变成了多元创新者。

2.6 防范心态陷阱：高潜力人才的心态特征

哈佛大学的一项研究表明，一个人能否在工作中取得成功，智商和工作经验所起到的影响作用，远低于心态因素所起到的影响作用。

2022 年下半年，我在一家有名的创业"独角兽"公司进行了一项名为"企业指数级增长和管理创新"的访谈研究。研究结果表明，能够在这家公司中快速成长的人才，都具备 5 种重要的心态特征。

如果能够通过日积月累地持续练习，拥有这 5 种重要的心态特征，你的职业生涯必将迎来巨大改变。

2.6.1 不自我设限的成长型思维

有这么一个实验。

一位生物学家，把几只狗放进通电的笼子里，有的笼子没有上锁，其中的狗可以轻易逃出；有的笼子上了锁，其中的狗只能苦苦忍受电击。进行多次电击实验之后，结果很有趣。

当把所有狗都放进未上锁的笼子里时，那些曾经尝试逃脱并成功的狗，轻易地逃了出去；而那些曾被锁在笼子里，有过多次逃脱失败经历的狗，宁愿接受电击，也不再尝试逃脱了。

还有一位生物学家，做过另外一个实验。

他把一只跳蚤放入它轻松一跃就能跳出的玻璃杯中，让跳蚤跳了几次后，盖上玻璃盖子。盖上玻璃盖子后，跳蚤一次次努力跳起，但一次次撞在盖子上，掉落下来。

渐渐地，跳蚤"聪明"地根据盖子的高度，调低自己跳跃的高度。许久之后，生物学家取下玻璃盖子，跳蚤却再也跳不出玻璃杯了。

这种现象，被称为"自我设限"，即遇到不确定性和困难后，有人会选择往后退，一直退到舒适区，并再也不敢去尝试和挑战未知的东西。

例如，上述实验中的狗和跳蚤，自己给自己加上了看不见的"红线"，生活在现实版"楚门的世界"的舒适圈中而不自知，甚至宁愿忍受某些痛苦也不敢尝试突破。

抬头望望，你的头顶上，是否有看不到的"玻璃盖子"？

工作中遇到挫折和挑战时，很多人首先想到的是逃避，因为他们耳边总是有一个"魔咒"："我不行，学不会，做不到，行不通……"结果呢，实践往往会证明，耳边有否定式"魔咒"的人当真做不到！

为了摆脱这种无力感，他们会找很多借口来推脱责任、转嫁问题，抱着逃避的心态，认为自己怎么努力也没用，心甘情愿地做一条咸鱼，躺平了事。

美国斯坦福大学心理学教授卡罗尔·德韦克的研究证明，有固定型思维的人，只会在其擅长的领域勤奋努力，同时百般逃避自己不擅长的领域；有成长型思维的人则恰恰相反，他们认为通过不懈的努力，任何人在任何领域，都能取得自我突破。

我研究和访谈过很多成功人士，不管其学历多低、家庭环境多差，或者受过多少打击，绝大多数成功人士能持续抱有好奇、上进、不服输的心态。

面对挑战，他们不抗拒变化，不怕犯错、难堪，不自我设限。他们习惯于这样说："我能行，我会学。"要知道，只有凡事都逼自己一把，面对难题时积极地寻求解决方法，才能不断让自己取得突破。

2.6.2 摒弃"玻璃心"，保持积极乐观的心态

工作中，难免遇到各种困难，拥有"玻璃心"的人常一碰就碎，经不起一点挫折。

比如，工作中出现失误，领导批评了一两句，内心会非常焦虑、难以释怀；领导的话说得稍微重一点，情绪就崩了，觉得受了天大的委屈，并且长时间走不出来，甚至动不动就赌气辞职。

这种情绪和反馈，是一个人成长和进步的巨大障碍。

能否积极主动地寻求成长，是判断个人成长前景广阔与否的重要指标。

我参加工作不久时，领导安排我写一个重要方案。我非常用心地写，熬夜加班，用了一个多星期，终于写好了。

没想到我把初稿提交给领导后，领导只字不改，但是意见一大堆。

我按照领导的意见，修改后再发给他，又收到他提的很多意见。翻来覆去，文件被打回来修改了十几次，我电脑里的方案存档，从 V1 排到了 V19。

那个时候，我一度情绪崩溃。但幸运的是，我没有放弃，强行让自己积极修改。方案终于通过评审的那一刻，我得到了蜕变式成长。

真正专注于成长的人都拥有强大的耐心和心力，既经得起赞扬，又受得了批评。面对压力，勇于成为"蒸不烂、煮不熟、捶不扁、炒不爆、响当当的一粒铜豌豆"吧。

2.6.3　追求渐进式的长期指数级成长

据传，蒙古部落曾有一种培养大力士的方法——让孩子每天抱着刚出生不久的小牛犊上山吃草。

最开始，小牛犊只有十多斤重，孩子们可以轻松抱起，随着牛犊一天天长大，孩子们的力气也越来越大，当牛犊长成大牛时，孩子们也练出了力能举鼎的神力。

在很多人看来，进步 1%，并不是了不起的成绩，但成长是需要积累的，每天一点进步，长此以往，会完成指数级成长。

0.99 的 365 次方是 0.026，而 1.01 的 365 次方是 37.783，结果相差 1453 倍。

假设"1"代表目前的状态，"1.01"就代表着每天进步一点点，而"0.99"意味着每天懒惰一点点。

虽然 1.01 和 0.99 的差距甚小，但经过时间累积，最终的差距是巨大的。

进一步扩大来看，结果更是惊人。0.98 的 365 次方是 0.0006，而 1.02 的 365 次方是 1377.408，结果相差 2295680 倍。

具有高成长潜力的人才，都愿意追求长期的延迟满足，深谙持续努力和终身学习之道。哪怕短期内看不到回报，无数个"1.01"叠加，带来的便是强大的正向成长循环。

2.6.4　以双赢思维与他人建立起互赖关系

有一位年轻人，刚工作时参加公司组织的饭局，见饭局上有一个同事很会逗领导开心——端茶倒水，察言观色，分寸十足地插科打诨。

该年轻人不想被同事比下去，也跟领导开起了玩笑："哇，王总，你的裙子真好看，穿了跟没穿一样。"

老板忍住笑，拍了拍他说："有时候，可以不说话的。"

影响人类思想的新智慧学家史蒂芬·柯维说过如下观点。

能够建立真正的互赖关系，是人际关系成功的本质。而维系人与人之间的情谊，最要紧的不是语言或行为，而是本性。

社会中的大多数人，自小被"我赢即是你输"的思维模式教育和浸染，于是，下述现象成为常态。

童年时，父母的爱被附加了条件，孩子只有通过比较，才能感知价值；

上学后，由于教育目标功利化，导致个人价值大多通过成绩比拼得以实现；

工作后，被灌输"晋升的核心是竞争而非合作"的思想，所以习惯了尔虞我诈；

结婚后，夫妻双方总要分出个输赢强弱，以证明在家里到底是谁说了算。

……

殊不知，这种你死我活的"输赢模式"，是很多人无法发挥成长潜力的罪魁祸首。

真正具有成长潜力的人才，秉持的是双赢思维，会在人际交往中寻求共同收益，让参与各方皆大欢喜。

这种心态和行为方式，能让他们不断获得"贵人"的帮助，为自己创造良好的生存空间。

2.6.5　保持空杯心态，越过愚昧山峰

曾看到这样一组统计数据：让一些学生预估自己的考试成绩，结果显示，真实成绩最差的那 10% 的学生，普遍会高估自己的成绩。

而在对智商水平进行调研时，80% 的人觉得自己的智商水平超过平均水平。但其实，这个世界上，有一半人的智商水平低于平均水平。

在心理学中，上述过于自信地高估自己的现象，是"达克效应"在起作用的表现，即能力越低的人，越容易处在无知者无畏的"愚昧山峰"，沉溺于自认为的"最佳状态"，从此不再进步，真正平庸下去。

李小龙曾阐述成长与自知的关系，大意是"清空你的杯子，方能再行注满，空无以求全"。

具有高成长潜力的人，既能意识到自己的"无知"，也不会站在过去的功劳簿上沾沾自喜，哪怕自身已经是行业精英。

具有高成长潜力的人，都懂得必须及时打破常规，不被自身经验所束缚，时刻保持空杯心态，不断地获取新知识，寻找新的可能性。

03
CHAPTER

第3章

关键关系：
人际沟通能力决定成功高度

　　普林斯顿大学（美国私立研究型大学）的一项调查显示，智力、专业、经验只占个人成功因素的25%，其余主要来自人际沟通。

　　这意味着，一个人如何看待人际关系和社交价值，其沟通能力有多强，以及其是否掌握了表达、倾听、提问的技巧，在某种程度上决定了其职业成功的"天花板"有多高。

3.1 ┃ 工具性人际关系：
经营人脉并不丑陋

对于人际关系，人们持有不同的看法。有人说，人际关系和社交能力大于一切；有人说，内因决定外因，成功主要靠自己的努力，人际关系只起辅助作用；还有人说，搞人际关系属于"歪门邪道"，不值得提倡。

那么，在职业生涯中，人际关系究竟会起到什么作用呢？职场中的正式人际关系和生活中的非正式人际关系究竟有哪些区别呢？

3.1.1 工具性人际关系，该抗拒还是该学会接受？

管理思想家埃米尼亚·伊贝拉在对"工具性人际关系网络"进行研究时发现，人们在职场上面对正式的工具性、交易性人际关系时不同的反应方式，会带来截然不同的行为表现和影响结果。

那些不愿意接受工具性人际关系网络的人常常认为，职场上的人际关系本质是虚伪的。为了获得他人的支持、帮助，而主动去迎合、回报对方，这种想法让他们感到肮脏。

在这些人看来，在职场上采取交易行为，或利用别人来达成自己的目标，都是卑鄙、无耻的。

而那些愿意接受工具性人际关系网络，在该人际关系网络中感到舒服、自信的人，并不排斥职场交易行为。

这些人不觉得职场中的交易性工具关系有什么不好，反而认为应该充分利用这种关系，做一些有价值、对个人成功有帮助的事情。

上述研究同时发现，在职位越高的人群中，愿意接受或善于利用工具性人际关系的人越多，他们很少会用"卑鄙""虚伪""肮脏""可耻""感觉糟糕"等词汇描述这种人际关系网络。

而在职位较低的人群中，有更高比例的人会质疑这种人际关系网络，并觉得接受这一个人际关系网络是对自身诚信的一种挑战。

反过来讲，这可能意味着是否善于处理职场上的人际关系，会对你能否成为中高层管理者有重大且关键的影响。

3.1.2　秉持积极的人际关系价值观

讲一个故事。

20多年前，李学文参加中考时成绩很出色，100%能被区重点高中录取。且因为数学成绩突出，曾获得数学竞赛一等奖，如果找专家推荐一下，他很有可能能够去省重点高中就读。

李学文很想去省重点高中读书，而他的父亲是当地中学的特级教师，能够轻轻松松地帮儿子圆梦。

出人意料的是，李学文的父亲断然拒绝托人推荐，他说李家几代都是读书人，身世清白，与其走"歪门邪道"，不如堂堂正正地去区重点高中。

大学毕业后，工作一直不顺的李学文想起父亲当时的选择，心中满是抱怨。他倒不是因为上学的事心生抱怨，而是发现自己深受父亲影响，工作后，在处理人际关系方面举步维艰。

哈佛大学沟通力研究专家罗杰·费希尔教授认为，与人保持紧密的社交关系，并不意味着要对对方的价值观、立场和行为完全赞成，而是要学会带着积极的心态主动与对方接触，与持不同立场的人建立起牢固关系。

处理人际关系并不是罪恶之源，而是所有人都会遇到的正常考验。

我将在书中反复提到，世界经济合作与发展组织把知识分为四类，分别为事实知识（know-what）、原理知识（know-why）、技能知识（know-how）、人际知识

（know-who）。

从知识管理的角度来看，这四类知识分别居于第一、二、三、四层次，每个层次的知识，能够管理并制约前面层次的知识。

也就是说，懂原理知识的人能够管理懂事实知识的人，懂技能知识的人能够管理懂原理知识的人和懂事实知识的人，懂人际知识的人可以管理懂前三种知识的人。

由此可见，人际关系沟通和管理，并不是所谓的"歪门邪道"，而是职场高手必备的技能。要想熟练地掌握这一技能，需要在心理上重视，在实践中不断地反思、感悟、学习。

3.1.3　数字化时代，边缘社交和弱关系影响巨大

在数字化时代，人际关系与以前相比，有了巨大的变化。

我们不妨做个趣味测试，来判断一下自己的人际关系情况。

请你看看下面的选项，算算有几个选项符合你的实际情况。

（1）微信通讯录中，朋友不超过 200 个；

（2）除了同学、同事、亲友，认识的人非常少；

（3）遇到职业瓶颈时，长时间找不到突破口；

（4）失业或想换工作时，找不到熟人提供就职机会；

（5）换到新领域后，找不到前辈帮忙指点；

（6）经常想不起某些熟人的名字；

（7）时常觉得孤独；

（8）想逛街、购物、游玩、运动、打游戏时，总是找不到伴儿；

（9）自己不喜欢新媒体，对别人使用新媒体也有抵触；

（10）从来不在微信朋友圈、抖音等新媒体平台发布内容。

以上选项，如果你中了 5 条以上，请注意，你的人际关系可能已经亮起"红灯"。

互联网和社交媒体的崛起，导致以前不被重视的"边缘社交"和"弱关系"，

正在变得越来越重要。

边缘社交，指使用以新媒体为代表的工具来接触与你关系比较弱的朋友（有时甚至还不是朋友），并通过这种弱关系，获取有价值的信息和社交资源。

边缘社交之所以重要，是因为在数字化时代，以前那种重要信息掌握在少数人手中，其他人挤破了脑袋才能获得的现象已经慢慢消失，蕴含着大量创新点和价值的内容、信息、人脉，正越来越多地呈现在新媒体中。

如今，使用新媒体的方式、习惯和行为，具有类似检测仪表盘的作用，清楚地显示着每个人社交影响力的强弱指数。

3.2 有效社交：对等的资源和价值交换

3.2.1 有效社交和无效社交

网络上曾流行这样一句话："一根稻草，跟白菜捆在一起，就是白菜的价格；跟大闸蟹捆在一起，就是大闸蟹的价格。"

于是乎，现实中，无数"稻草"削尖了脑袋，费尽心思地想和"大闸蟹"捆绑在一起。

电视剧《三十而已》中，女主角顾佳为了拓展业务，一心想挤进贵妇圈，却被残酷的现实打了脸。

她在参加贵妇圈聚会时，费尽心思地想跟大家攀上关系，没想到因为背的包太便宜，硬生生地被从合影中裁掉了。

此后，顾佳想利用贵妇圈拓展生意资源，却被当作廉价劳动力使唤，辛苦又心酸。

上述剧情，引起无数网友的共鸣。大家纷纷吐槽，这种跨越阶层的无效社交，注定会以失败收尾。

那么，到底什么是"无效社交"呢？

比如，小李是打柴的，小王是放牛的，他们在山坡上相遇，聊了半天，小王的牛吃饱了，小李的柴筐却空空如也。对于小李来说，这就是无效社交。

无效社交，指那些对工作和成长没有价值，不值得浪费时间的人际交往。

3.2.2 职场中有效社交的核心特征

职场中的有效社交，具有哪些特征呢？

第一个特征，即有效社交的本质，等价交换。

著名的社会学家乔治·霍曼斯在其"社会交换理论"中指出，任何人际关系本质上都是交换关系。

与其他更具情感性的社会关系相比，职场中人际社交的这种特征尤为明显。

职场中的有效社交，本质是资源整合和价值交换，交往双方的资源和价值必须是对等的、旗鼓相当的，交往才可能深入地进行下去。换句话说，在职场中，只有能够实现双方共赢的人际交往，才会演变成持续的社交行为。

职场中的高质量人际关系，往往产生于平等的交往，维持在势均力敌的人们之间。职场社交的特点是互帮互惠，所以，提升个人能力和价值是成功社交的前提。

第二个特征，职场人要在展现自我和过度吹嘘之间找到微妙的平衡。

沟通力研究专家卡洛琳·塔格特指出，在谈判、晚宴、面试、演讲、投标会等职场中的正式社交场合中，职场人不得不行走在"展现最好的自我"和"过度吹嘘夸耀"之间的微妙地带。

现实中，我们总是看到，有很多成功人士喜欢半开玩笑半认真地吹牛，他们为什么要这样做呢？

董明珠和雷军在多年前定下的"十亿（元）业绩赌约"早已到期，输了这场比拼的雷军并没有真的赔钱。但这个"赌约"可不是简单的玩笑，这件事为两家公司带来了巨大的流量和关注，以及收益。

根据领英的统计，过于谦虚、不善于标榜自己的职场人，在曝光度、人际关系、工作机会、晋升、薪酬等方面，都有相对的劣势。

适度地"吹牛"，确实能更好地展现自我，提升自己的工作价值。但凡事过犹不及，如果你总是过度吹牛，那绝对是处理职场人际关系过程中的一种灾难，会导致逐渐没有人相信你所说的话。

所以，在职场社交中，要学会"适度吹牛"。吹了牛，记得就算是流着泪也要把它实现了，即使没有完全实现，也要八九不离十才行。

3.2.3 提升自身价值，打造高品质社交关系

社交，其实是对自身能力与真实价值的一种映射。

现实中，人们通常只愿意跟与自己旗鼓相当的人密切交往，比如，双方有差不多的能力、差不多的视野、差不多的社会地位……

所以，不要总去抱怨为什么别人不愿意搭理你，最好的选择是沉下心来，去提升自己的专业能力、核心竞争力，让自己变得越来越有价值。

实力、价值和稀缺能力，才是让你在职场中脱颖而出的绝佳武器。

当你成长为某一领域的绝对专家，或者拥有了独当一面，甚至一呼百应的影响力，那么，更高圈层的人脉资源自然会蜂拥而至，主动找你交换价值。

当你能够站在更高的层次看待事物，当你能够帮到越来越厉害的人，你的社交质量会越来越高，这是职场社交的基本规则。

3.2.4 加入合适的社交圈，学会为个人的社交账户储值

越高质量的社交圈，往往拥有越重要的信息和越稀缺的资源，是很多职场人所追求和向往的。

但进入高质量的社交圈，不能寄希望于"蓦然回首，那人却在灯火阑珊处"的巧合，需要自己主动寻找并逐步积累。

通常来讲，越成功的人，处理社交关系时越谨慎，评估别人时越注重自身的感觉。

所以，跟那些能在关键时刻帮助你、提携你的"贵人"交流时，一定要提前做好充分的准备，要确保每次沟通时都能展现自身最强的能力、提出最专业的建议。

此外，还要学会把每一次交流都当成给自己的"社交信用账户"增加储蓄额的难得的机会，只有这样，在真正的机遇到来时，别人才会想到你并愿意跟你合作。

换句话说，与特别重视的高手打交道时，一定要确保自己能够"在正确的时间，出现在正确的地方，说着正确的话，做着正确的事情，并贡献出众的价值"。

3.2.5 谨记互惠法则，学会适当地帮助他人

自利则生，利他则久——这是稻盛和夫非常推崇的一条交往原则。

康奈尔大学的丹尼斯·雷根教授的一项研究表明，如果你在某些场合选择无条件地主动帮助他人，被帮助者获得收益后，很可能想要通过某种方式来偿还人情。

这种心理效应，被称为"互惠心理"或"互惠法则"。

所以，主动地向他人提供帮助，会让你的社交圈不断扩容。

不过，在职场中，帮助他人也是有学问的，我们应该如何把握其中的分寸呢？

要处理好这个问题，前提是搞清楚工作的环境和性质。

有些工作是零和博弈，即非合作博弈，比如销售人员之间或者同岗位的竞争者之间，是纯粹的竞争关系。在这种情况下，你一定要当心，什么该说，什么不该说，心里要有数。

而有些工作，需要跟身边人结成利益共同体，找到合适的伙伴才能快速成长。

在职场中，很多核心圈子是封闭的，如果不能融入，你会永远被排除在重要利益之外。是否能融入核心圈子，关键看你能输出什么样的价值，在能够输出足够的价值的基础上，双方都有意愿，才可能结为利益共同体和事业共同体。

3.3 向上沟通：
如何让领导成为你的贵人？

美国加利福尼亚州有一个小镇，交通事故频发。即便路上有限速标志，且警察经常开罚单，事故率也没有降低。

后来，一名工程师制作了一套"驾驶员反馈"系统，即在事故频发路段安装雷达传感器和大屏幕，让司机能实时看到自己的车速。

这套系统投入使用后，该路段的车辆平均速度下降了 14%，事故率直线降低。

这种具有心理影响效果的反馈机制，在职场中同样适用。

很多快速成长者是出类拔萃的向上沟通高手，他们犹如手握屠龙刀、倚天剑，做什么事看上去都如同探囊取物。

向上沟通，有什么奥秘呢？

3.3.1　预先设定 3 种目标，是向上沟通成功的前提

很多经验不足的年轻人，或能力不够的管理人员，在跟别人沟通时，常常不知道自己是为什么而沟通。

比如，很多人会在介绍自己的工作时说"我在 ×× 单位上班"或"我在 ×× 企业工作"，他们往往认为，自己单纯地在跟一个单位或企业打交道。

这些话本身没有错，但事实上，那些真正的快速成长者都明白一个根本的道理，那就是在任何一个单位或企业，你其实都是在为你的核心干系人工作和贡献价值。

在很多情况下，直属领导会担当职场人的核心干系人的角色，从这个角度考虑，下属在找领导沟通或汇报工作之前，一定要明确沟通的主要目标，否则，无论付出多少努力，都可能竹篮打水一场空。

希望大家能意识到，企业的整体目标需要自上而下地分解，只有理解和支持领导的目标，站在他的角度去看待全局和自己的工作，才能更好地为企业整体目标的实现做出重要贡献。

那么，应该如何明确并把握向上沟通的目标呢？需要牢记以下 3 个问题。

第一，你要通过这次沟通，为自己创造什么价值，或达成什么结果？

第二，你要通过这次沟通，为领导创造什么价值，或满足他的什么核心需求？

第三，你要通过这次沟通，为你和领导之间的关系创造怎样的积极结果？

从沟通的角度出发，不同员工的特点如下。

三流员工消极逃避沟通；

二流员工为沟通而沟通；

一流员工为解决问题而沟通；

超一流员工为实现上下级的共同目标、建立彼此的密切关系而沟通。

任何一次正式的沟通、谈话和汇报，都应该顾及上述 3 个方面的目标，即你的获益、领导的获益、彼此之间关系的获益。

为了实现这 3 个方面的目标，下属应该提前做好准备，抓住时机，积极主动地与领导进行沟通。

3.3.2　汇报时带着备选方案，让领导做选择题、判断题

有时候，在推进工作的过程中，会遇到一些难以逾越的困难。聪明的员工，会带着两个或两个以上的预案请示领导，让领导做"选择题"或"判断题"，而不是"问答题"。

所谓"问答题"，是要解决方案，而非给出可选的解决方案，要领导的最终意见。比如，很多人习惯说类似的话："现在工作遇到了问题，领导您看怎么办？"这句话的潜台词是"我不会做这件事，也没有用心去想解决办法"，这意味着，你把自己的责任丢给了领导，把自己的工作变成了领导的工作，是职场大忌。

另外，在提供备选方案时，聪明的员工会通过进行大量的数据分析，找到问题背后的本质，并对每种方案的风险指数、可能结果进行利弊分析，以供领导判断、选择。只有这样，才能体现自己的价值，让领导刮目相看。

比如，针对客户要求提前交货的问题，可以尝试做如下汇报。

"领导，提前交货不是完全不可能，我初步想出了几种方案，供您参考：第一种，分批次交货，这可能会给工厂增加管理难度，我可以想办法和工厂协商；第二种，调整原料的采购渠道，这个是长远计划，需要认真评估；第三种，在工艺上，选择难度较低的工艺，这需要调整产品标准。

"如果上面的方法都不行，就只能硬提速度了，合作方很可能会提高报价。

"就目前情况来看，我认为第一种方案比较合适。我已经和工厂初步商量过，月底可以先交 75% 的货，这会给工厂增加 3% 的成本，我们需要协助承担一部分。领导，您看这样安排是否合适？"

这样汇报，大概率会让领导感觉你不但能力很强，而且是个有责任心的可靠人才。

3.3.3　领导布置任务时，要使用价值回应法

接到领导通过微信委派的任务时，你会怎么回复？是不是和许多人一样，习惯性地回复两个字，"好的"或者"收到"，就动手执行了？

当然，这样回复没有错，它表示你收到了指示。但其中透露的敷衍态度和并未体现执行计划的工作方法，会影响领导对你的积极性、能力的判断。

一方面，你的回复，会体现你对对方的重视程度。

另一方面，你简单回复"好的"或"收到"，会让领导认为你明白了任务的目标和最终要实现的结果。如果由于你的理解有误，导致工作出现问题，你会给领导留下"不靠谱"的深刻印象。

面对领导，要亮出积极的态度，使用"工作内容＋行动计划＋时间节点"价值

回复公式，与领导进行任务确认。

我有一个朋友，在被领导安排做新员工入职培训方案时，给出了如下回复。

"好的，根据您的指示，我计划分为3步完成任务，具体如下。

"第一步，对公司近半年来入职的新人进行培训需求调查；

"第二步，与公司人事部和各部门老员工沟通，了解往年新员工入职培训的内容；

"第三步，在本月底提交初稿给您审阅。

"领导，您看这样安排可以吗？"

你看，这是不是远比简单的一句"好的"或"收到"效果好多了？

3.3.4　积极主动对上沟通，并注重及时闭环反馈

我认为，作为职场人，最没前途的一种工作方法是"凡事无交代，做事不沟通"。

可能有很多人认为，不打扰领导是一种"懂事"，事实上，恰恰相反。

试想一下，点了一份外卖，你是否会时不时地看看骑手还有多久送达？工作也是一样的，领导安排给你一项工作，如果你跟王昭君出塞似的，一去无影踪、生死无音讯，他心里能踏实吗？

良好的对上沟通，要做到"凡事有交代，件件有着落，事事有回应"。

面对领导交代的任务，工作落实后要及时汇报，让领导对具体负责人、预期效果、完成时间等，做到心中有数；工作中遇到困难或进行到重要节点时，要主动向领导汇报困难点和进展情况；工作完成后也要及时汇报，看看领导有没有其他意见。

总之，工作不断线，行为可预测，提高工作的透明度并确保领导有足够的掌控感，才能让领导信任和放心，也能让自己在团队中的地位越来越高。

以下汇报方式，值得参考。

"领导，您交代的事情已经在落实。

"昨天去拜访了2个客户，聊了近4个小时，有了一些新的想法。我会根据沟通情况修正方案，周五前发邮件给您。

"后续有进一步进展时，我再及时向您汇报。"

领导看到或听到这样的汇报后，可能只会说一个字，"好"。别小瞧这个"好"字，背后一定是踏实和信任，以及对你的"职业化"和"团队精神"的认可。

注意，要牢记自己说过的话——"周五前发邮件给您"。周四下班前，就把相关邮件发给领导。

周五早上一上班就发不行吗？不行！因为"踏实和信任"，不是让领导先担心，再在最后一刻解除担心，而是要赶在领导开始担心前消除产生这种担心的可能性。

上述几个方法，不仅是对上沟通的方法，也是职场高手的自我管理方法，你掌握了吗？

3.4 | 高效表达：
高手的有效表达逻辑

打造有影响力的关键人际关系，重要的不是认识哪些人，而是能否在与高手打交道时，使用行之有效的沟通方法和表达逻辑，让自己在每一个重要的沟通场合，都能得到他人的欣赏和认可。

高效地思考、表达和解决问题，并由此创造与众不同的价值，这是很多快速成长者影响他人、创造良好人际关系的核心能力。

第 2 章曾提到金字塔原理，本节将详细介绍这一原理，帮助大家更加熟练地掌握和运用。

3.4.1 善用金字塔原理，提升沟通效率和价值

部门经理李涛曾这样向领导汇报下属转正的事情："领导，小王工作很认真，做事从不拖拉，工作都能按时完成，并能与同事良好合作，对人很热情，学习能力很强，愿意向老员工请教。他乐于跟客户沟通，能够做到日事日毕，还热心于读书和公益活动。由此来看，小王是个优秀员工，我建议给他转正。"

没想到领导听后，一脸不耐烦。

为什么呢？

你在工作中跟同事、客户沟通时，遇到过自己喋喋不休地讲了一大堆，对方却一脸茫然的情况吗？要怎样做，才能让自己的观点更有吸引力呢？

一般来说，高效沟通的障碍主要表现在 4 个方面，分别为讲话没条理、逻辑不清晰、重点不突出、观点没新意。

上面这个案例中，李涛的汇报内容有事实、有依据、有结论，要素齐全，但表

达逻辑太混乱，让人无法一下子抓住重点。

毕业于哈佛商学院，被麦肯锡顾问公司聘为该公司有史以来第一位女性顾问的芭芭拉·明托女士提出了有名的思考和表达原理——金字塔原理，该原理便主要用于解决上述沟通问题。

根据金字塔原理，泛生出了一套重点突出、逻辑清晰、主次分明的思考和表达方法。因为其具有便于理解、能激发兴趣等特点，在麦肯锡顾问公司内部和各行各业被广泛传播和使用。

下文将围绕金字塔原理，选取典型应用场景，与大家分享。

3.4.2　结论先行，以上统下，归类分组，逻辑递进

回顾上文案例，部门经理李涛应该怎样表达，才能让领导轻松听懂呢？

李涛可以进行如下汇报：

"领导，小王是个优秀员工，我建议给他转正，原因有 3 个。

"第一，工作表现好，他工作认真，做事从不拖拉，工作都能按时完成，能够做到日事日毕；

"第二，沟通能力强，他与同事合作良好，对人很热情，乐于跟客户沟通；

"第三，有学习精神，不仅愿意向老员工请教，还热心于读书呢。"

大家看，这段改进后的汇报内容意思跟李涛的原汇报内容差不多，但因为调整了表达逻辑，让人听起来感觉清晰多了。

金字塔原理的第一个原则，是"结论先行，以上统下，归类分组，逻辑递进"。

简单来说，应用金字塔原理进行表达，要从塔尖开始，自上往下看。

塔尖是什么呢？是核心结论、核心观点。说出结论和观点之后，再自上而下、分类递进地讲出论据。

很多人听到这里可能会有疑问：不对啊，结论不应该出现在讲话或文章的结尾吗？要是一开始就说出结论，还有什么悬念可言呢？

请注意，我们不是在拍悬疑片，而是在跟客户、领导、合作伙伴沟通或汇报工作。对方有兴趣去猜结论吗？没有。大家的时间都是有限的，先说吸引力强的结论给对方听，才有可能调动起对方的兴趣。

所以，案例中的李涛在汇报时，应该先把"建议给小王转正"这一结论抛出来，再用"第一、第二、第三"的分类递进方式，把有关工作表现、沟通能力、学习精神的论据讲出来，优化沟通效果。

3.4.3　言简意赅，争取在 30 秒内说清楚要点和价值

下面，来看一个汇报案例。

老板，公司的客户管理系统一直很好用，但上个月突然有几个销售大单没签下来，大家快要急死了，以为是系统有问题。后来我发现系统没问题，而是跨部门工作流程出了问题。我立刻梳理各部门的分工机制，并优化客户服务流程，结果本月销售签单率比上个月提升了 20%，我一下子放心了。

这段用时 30 秒的汇报，把事情背景、问题所在、关键冲突点、解决方法和美好结果都讲了出来，有效提升了汇报者的价值，值得借鉴。

那么，实际工作中，应该怎样表达，才能做到言简意赅，在短时间内把要点、价值都说清楚呢？

以"结论先行，以上统下，归类分组，逻辑递进"为基本原则，与应用场景结合，灵活地改造和组合内容，多数情况下的效果可以让人满意。

比如，以下这段汇报，就达到了上述效果。

领导，很抱歉，我们部门上半年营收同比下降 25%。这虽然与市场环境有关系，但主要原因在于我们没有做好应急方案。

下半年，我们将采取如下三方面措施完成目标。

第一，增加 2 万名线上商户；

第二，增加 5 个外贸代理商，在国际市场增加销售额 22%；

第三，帮助工厂整合供应链，以保障产品销售和生产效率。

请记住，沟通时要先提出观点，再分组分类、逻辑递进地提出论据。观点越深刻、越明确，论据越翔实、越具体，逻辑越清晰、越严谨，就越能在对方的大脑中添加画面，有助于对方准确理解你的意思和处境。

3.4.4　支撑观点的论据最好不超过 7 条，且要归类分组

请注意，讲话时用来支撑观点的论据最好不要超过 7 条。一般来说，有 4~5 条论据就足够了。这是为什么呢？

美国心理学家乔治·米勒发现，普通人的大脑，很难一下子记住 7 件以上的事情。为了说明这一点，给大家举一个例子。

你要去超市，出门前问妈妈："妈妈，我想去一趟超市，你有什么需要买的东西吗？"

妈妈说："太好了，你买点葡萄和牛奶。"

你答应了，走到门口时，妈妈又说："对了，咱们家的土豆不多了，好像鸡蛋也快没了，你都买一点。"

你打开房门时，她又说："再买点胡萝卜、橘子、咸鸭蛋。"

你走到电梯口，妈妈又补充了一句："对了，不要忘记买些苹果回来。"

你问她："还有吗？"

她说"没了"。没想到，等你走进电梯，她突然又大喊一句："再买点酸奶吧。"

你能记住妈妈都让你买哪些东西吗？我想，绝大多数人是记不住的。

那怎么办呢？根据金字塔原理，支撑观点的论据或事实最好不要超过 7 条，一旦达到 4~5 条，甚至更多，就需要归类分组，以便帮助自己更好地记忆。

比如，我们可以把上述案例中要买的东西归类分组。你可以告诉自己，要买水果、蔬菜、蛋奶这三类产品，水果要买葡萄、苹果和橘子；蔬菜要买土豆、胡萝卜；蛋

奶产品呢，要买鸡蛋、咸鸭蛋、牛奶和酸奶。

这样一来，是不是就容易理解和记忆了？这就是归类分组的作用。

应用金字塔原理进行思考的时候，我们大多是从具体的迹象出发，寻找它背后抽象的原因，这相当于是从金字塔的底部往上看，越是底部，信息越琐碎、越庞杂。从现象出发，寻找统一性的、触及本质的解释，这个过程是什么呢？是自下而上的思考过程。

与他人沟通时，则要反过来，先把金字塔的"塔尖"，即结论讲给对方听，再逐层分解并细化为具体的论据。这个过程是什么呢？是自上而下的表达过程。

总而言之，"自下而上思考，自上而下表达""纵向总结概括，横向归类分组""先讲案例故事，再做精华提炼"，这就是金字塔原理的实际应用。

3.5 ▌ 有效倾听：
让你的倾听直达心灵

2022 年，我在一个高管培训班讲课时，一位身为 CEO 的学员说，他发现工作沟通中最常见的场景，是领导在说，员工在默默点头，然后去执行，但在执行过程中，点过头的员工经常暴露出他根本就没有理解领导的"意思"，导致双方都不满意。

为什么会这样呢？

人际沟通的主要环节，包括信息传达、信息接收、信息反馈，其主要沟通步骤，可以概括为说、听、问。

在上一节中，我们详细探讨了"说"，即如何高效地表达。本节将详细探讨"听"，即如何有效倾听。

在沟通过程中，倾听会起到非常重要的作用，而且，倾听可以说是沟通过程中最难的环节。

如何提高倾听能力呢？以下 4 点值得思考和学习。

3.5.1　倾听者，要带着善问的嘴

在本节开头的案例中，那位 CEO 提到的"员工默默点头"，多数时候并不意味着对方真正理解了并能执行到位。

其中的原因，主要有以下两个。

第一个原因，是领导不给员工说话的机会，自顾自地安排工作，忽视倾听反馈环节；

第二个原因，是员工没有养成积极反馈和发问的习惯，倾听过程中只是被动地

等待"投食"，缺乏主动思考和推进工作的意识。

以上两个问题的本质是一样的，即沟通双方都没有意识到，倾听者，要带着"善问的嘴"。

互联网上，曾流传一个段子。

会议休息期间，老板对秘书说："帮我去买麦当劳。"

过了一会儿，秘书回来说："买好了，4.6亿元，用哪个账户转账？"

老板眉头一皱，沉默片刻，突然大吼一声："赶紧把小王追回来！我刚刚让他去买中华了，告诉他，那是烟！是烟！"

虽然这只是一个段子，但从中能看出某些沟通问题。站在老板的角度，大家可能会觉得员工笨笨的，听到工作安排时，多问一句，问清楚再执行呀。但换到员工的角度，大家会发现员工也很委屈，老板为什么不说得更清楚一点？

真正有效的沟通，一定是发生在有能力判断对方接收程度的信息输出者和有意识通过积极反馈理解对方真实意思的倾听者之间的。

而要做到有效沟通，需要双方在沟通时，都意识到"发问"的重要性。

信息输出的一方，比如领导，最好在安排工作后问对方一句："你能够用自己的话，把我刚才说的内容复述一遍吗？"

倾听的一方，比如员工，则应该在听完后问对方一句："你说的问题，我是这样理解的……你看看我理解的对吗？"

如此一来，双方配合默契，沟通效率会显著提高。否则，两人很容易因为"信息差"而彼此抱怨、互相损耗，最后两败俱伤。

3.5.2　倾听者，要带着善察的眼睛

很多人玩过或看别人玩过"你来比划我来猜"的游戏，游戏结果常常让人捧腹，因为表演者想传递的信息经常被猜谜者误解。

究其原因，除了表演者演技有限，还有重要的一点，是猜谜者接受"无声的信息"

时，缺乏善察的眼睛。

要知道，一双善于观察的眼睛，是有效倾听的基础之一。

现代管理学之父彼得·德鲁克认为，人无法只靠一句话来沟通，要靠整个人来沟通。

据研究，人与人之间的沟通，只有 20%～35% 依靠语言，剩余的 65%～80%，依靠非语言因素。

对于沟通来说，言不尽意是常见的遗憾，而真正的倾听，能够辨别并接收对方真正的语义和动机。

所以，厉害的倾听者，会专注于说话者的各种表达，接收对方的非语言暗示，用眼睛和耳朵同时"倾听"，这可以被称为"观察式倾听"。

要知道，非语言暗示，比如表情、眼神、呼吸频率、手势、姿势等，很多时候会传递说话者的真实意图。

3.5.3　倾听者，要带着善于归纳的大脑

2022 年，我指导由近 10 名博士、硕士组成的北京大学团队，去参加教育部主办的"中国大学生国际互联网＋创新创业大赛"。

有一次开会时，一名研究生如此汇报工作进展："张老师，我们参赛的项目名为'智能在线教育平台的构建与应用'，在市场开拓部分，我建议定位重点客户为高校和市场化培训公司，争取在两年内占领 20% 的同类市场……"

后面，这名学生还讲了很多内容，但作为倾听者，开头的这句话，足够我抓住他汇报内容的重点。

3.4 节中强调，有感染力的当众表达，需要遵循"结论先行，以上统下，归类分组，逻辑递进"的金字塔原则。

反过来，有效的倾听，需要按照"逻辑归纳，先找结论，以上统下，再找证据"的顺序进行。

上文这名研究生的汇报中，结论是什么？是他提出的建议。

在他的建议中，前半句"定位重点客户为高校和市场化培训公司"是要点，后半句"在两年内占领 20% 的同类市场"是价值。

如果能在实时倾听时迅速抓住对方抛出来的核心观点，接下来就可以跟对方高效地互动了。

比如在上面的案例中，我接着这名研究生的话追问："为什么要定位重点客户为高校和市场化培训公司？怎样做，才能在两年内占领 20% 的同类市场呢？"

这样一来，我们团队就可以层层深入，把工作一步步地往纵深推进。

要知道，厉害的倾听者，不仅能精准接收讲话者释放的信息，还能梳理、深化、放大其内核，选取最为核心的内容，删繁就简地进行归纳，并在沟通过程中适时地进行反馈。

3.5.4　倾听者，要带着能换位共情的同理心

美国著名主持人阿特·林克莱特在现场直播节目中采访过一个想当飞行员的小男孩。

林克莱特问："如果你驾驶的飞机飞在太平洋上空时，突然所有引擎都熄火，燃料不够用了，你会怎么办？"

小男孩答："我会告诉飞机上的乘客系好安全带，自己背着降落伞跳下去。"

台下一片哗然，听众纷纷指责小男孩自私，但林克莱特没有着急发表意见，而是继续问小男孩这样做的理由。

这个被大家当众指责、委屈得泪眼蒙眬的小男孩伤心地说："我要去拿燃料，马上回来救大家。"

有时，人和人之间的沟通，比道理更重要的，是态度。

若仅站在自身角度，不愿意用"心"倾听，很多时候，所谓的意见，全是偏见。

有时，听别人讲话时，没必要急着去表达意见，花时间倾听，适时回应，疏导

对方的情绪，才是最好的反馈。

倾听他人讲话时，有些人缺乏换位共情的同理心，经常会伤害他人的感情而不自知。

下面的一些话，就是伤人但不自知的"恶言"实例，看一看，你经常这样回应别人吗？

"你看，我早就跟你说了吧？你就是不听！"

"你这点烦恼算什么呀？想当年，我遇到的问题比你遇到的问题严重一万倍！"

"你真傻，如果是我，我才不会像你这样干呢。"

"我说话直，你别不爱听，但你这就是无病呻吟。"

……

要知道，沟通中有一条黄金定律，是"不要用自己喜欢的方式去对待别人，而要用对方喜欢的方式去对待对方"。

综上所述，带着你的嘴巴、眼睛、大脑和同理心，去做一个真正厉害的倾听者吧！

3.6 | 正确提问：
提问比回答更重要

3.5 节中提到，人际沟通的主要环节，包括信息传达、信息接收、信息反馈，其主要沟通步骤，可以概括为说、听、问。

此前两节，我们探讨了"说"和"听"，即如何高效表达和有效倾听。本节，我们将探讨"问"，即如何正确提问。

3.6.1　会讲会听，更要会正确地提问

现代管理学之父彼得·德鲁克认为，一个人提问的能力，比回答的能力更重要。

我为一家公司的 CEO 做管理顾问，该 CEO 曾经这样对我说："我不喜欢'没有问题'的人，一个人没有问题，就是最大的问题。"

为什么会这样？

因为能够正确提问是很难得的能力。

能够正确提问的人大多拥有很强的好奇心，且乐于不断观察和深度思考，以获得对事物的洞见并主动寻求改变。

能够正确提问的人总是能带着批判性思维拨开工作中的迷雾，深刻洞察问题的本质，指引人们找到真正的答案。

能够正确提问的人能意识到自己的"无知"，并愿意以开放的心态去学习和成长。

做不到这些的人，大多会在无知者无畏的"愚昧山峰"停滞不前。

因此，高质量提问的能力，是属于高手和快速成长者的稀缺能力。高质量提问是解决问题的关键，往往比得到答案更重要。

正如爱因斯坦所说："假如只给我一个小时的时间拯救世界，我会先用 55 分

钟去发现问题，再用余下的 5 分钟去解决问题。"

那么，要想正确地提问，应该注意哪些方法和禁忌呢？

3.6.2　指责性的反问，会让对方进入防御模式

电视剧《都挺好》中，女主角苏明玉在母亲眼中是最不重要且可以被牺牲的那个子女，她在母亲一次次指责性的反问中，逐渐被逼到人生死角。

"你辛苦，难道我就不辛苦吗？""你有没有考虑过我的难处呢？"……种种指责性的反问，让听者窒息。

指责性的反问，背后往往隐藏着埋怨和责怪的负面情绪，答案，事先藏在了问题里。

这样提出问题的人，其实饱含控制之意，即把对方强行拉入自己的判断标准，让对方遵从自己的意愿行事。

经常这样做是很伤人的，尤其是对亲近或熟悉的人来说。多数时候，对方会进入防御模式，这会进一步激化双方的矛盾，从而离真正地解决问题越来越远。

3.6.3　暗藏假设的提问，会让人视野狭窄

如果问问题的目的是得到客观答案，就不要在问题中暗藏假设。

这是什么意思呢？

比如，有人问："我们公司，为什么没有能干的好员工呢？"这个问题本身就暗藏着一个假设：我们公司所有的员工都不能干。

这个前提正确吗？不一定。暗藏假设是正确认知的阻碍，意味着提问者可能得不到真正的答案。

暗藏假设的提问，很容易将人的视野限定在狭隘的区域内，甚至只锚定一种可能，无法看到客观存在的其他可能性。

3.6.4　提出积极的问题，能改变困境，甚至人生方向

你遇到过很想完成一项任务，但总是感觉困难重重的情况吗？

如果你总是在心中自问："为什么事情会这么不顺利呢？"难免会下意识地产生消极情绪，以"我最终还是会失败的""这是命中注定"为前提，聚焦在错误的关注点上，一次一次打击着自信心。

但如果换个方式自问，比如"是什么因素，阻碍了事情向顺利的方向发展呢？""该怎样做，才能让事情变得更顺利呢？"……会发生什么呢？

这些问题，是以"事情还没有失败""试试其他方法，也许就能成功"为前提的，能让自己积极地去面对问题。

要知道，正确的积极提问具有强大的力量，能够让人一扫此前的阴霾，去力争解决问题，甚至改变自己的人生方向。

3.6.5　尽量用 how 代替 why，避免受困于无谓的借口

工作、生活中的你，是否会时不时地问自己以下几个问题？

"为什么我没有按计划实现目标？"

"为什么客户说我们的产品不实用？"

"事情为什么会发展成这样？"

"why"，即"为什么"，往往代表着追究责任，而面对追究时，人的大脑最本能的反应不是找原因，而是做好自我保护。

与此同时，这些问题是面向过去的提问，是引导人回想过去发生的事情。因为事情已经过去，无法在当下还原过去的真实场景，于是人们收获的答案，只会是一堆理由和借口。

而"how"，即"怎么做"，是从"到底怎么做才更好"的视角出发，面向未来的提问。它能引导人的大脑，以"思考解决问题的方法"为切入点，收获更多的

方法和可能性。

比如，我们可以把前面的 3 个问题转化一下。

与其问："为什么我没有按计划实现目标？"不如问："接下来我可以做些什么，才能更快地赶上进度？"

与其问："为什么客户说我们的产品不实用？"不如问："客户是怎么形成我们的产品不实用这一印象的？如何转变这一印象？"

与其问："事情为什么会发展成这样？"不如问："事已至此，接下来，我们可以怎么改善呢？"

改变提问方式，会改变问题解决的导向和结果，问对问题，才可能得到想要的答案。

3.6.6　剥洋葱式追问，直达解决问题的核心

在第 2 章中，我们讲过，有时候，问问题需要剥洋葱式追问，只问一个问题经常是不够的。

如果想要获得更多信息，就要学会不停地追问，通过抽丝剥茧，不断探究问题背后的原因，或者了解对方真正的需求。

同类方法中，最著名的是丰田公司提出的"5why"分析法，即出现问题时，连续问 5 次"为什么"，大概率会得到解决办法。

举例如下。

问："机器为什么停了？"答："因为超负荷，保险丝断了。"

问："为什么机器会超负荷？"答："因为轴承的润滑不够。"

问："为什么轴承的润滑会不够？"答："因为润滑泵吸不上油。"

问："为什么润滑泵吸不上油？"答："因为它的轮轴损耗了。"

问："为什么轮轴会损耗？"答："因为没有安装过滤器，混进了杂质。"

通过连续 5 次追问，找到解决问题的办法——安装过滤器，净化杂质。

3.7 情绪管理：
智力只占成功要素的 20%

新华网发布的《2020 年职场人健康情况调查报告》显示，76.4% 的人表示，自己经常被消极情绪所影响，其中，65.7% 的人认为，工作压力是影响情绪的主要因素。

正确认识和对待情绪并有效地管理它，让自己成为一个情绪稳定、做事专注的人，是每个人的社交必修课。

那么，应该怎么做，才能管理好情绪，为自己创造良好的人际关系呢？

3.7.1 所谓情商，就是管理情绪的能力

你在工作、生活中，是否见过如下场景？

跟别人交往时，有人稍不如意就变脸，说不能惯着对方；

有人在聚会时口无遮拦，还说"我说话直，你别不爱听"；

总有人打着真性情的幌子，伤害别人的感情；

有的管理者总是不停地批评下属，让下属失去信心，甚至产生逆反心理。

……

这些人不明白，以上行为并不是"真性情"，而是鲁莽、冒失、情商低、缺乏同理心，以及只顾逞一时之快的自以为是。

时间一长，他们会被贴上"消极""自私""低情商"的标签，路越走越窄，人际关系越来越差，距离成功越来越远。

一个人，如同一驾马车，马车由马拉动，控制马的工具叫缰绳；人的行为由情绪推动，管理情绪的工具叫情商。

哈佛大学心理学博士丹尼尔·戈尔曼的研究表明，一个人能否取得成功的影响因素中，智商只占到 20% 的比例，另外 80% 由其他因素决定，其中最重要的是情商。

心理学家彼得·萨洛维和约翰·梅耶把情商概括为 5 个方面的能力，分别是认识自身情绪的能力、管理自身情绪的能力、自我激励的能力、认识他人情绪的能力、管理人际关系的能力，对于管理情绪、提高情商有极大的参考价值。

3.7.2　关于坏情绪的 4 个认知误区

人们对自己的坏情绪有不同的认知误区，有时，这些认知误区会给大家发脾气的借口，似乎情绪发泄是解决问题的唯一方法。

了解关于坏情绪的认知误区，能够让自己的情绪管理和人际交往更加平稳、有趣。

误区一：坏情绪是基因遗传，无法改变。

有的人确实天生比别人容易生气，或比别人容易沉浸在负面情绪中，但大家要明白，处理和释放愤怒，是一种可以学习的技能。学会控制坏情绪后，你会让良好的人际关系受控于自我选择，而非依赖于他人的选择。

误区二：生气是让别人改正错误行为的必然选择。

陷入这一误区的人，大多曾是暴力或攻击行为的受害者，他发脾气，是被人利用或虐待时的自然反应。因为有过糟糕的经历，他也许会认为，发脾气能够震慑他人。

不可否认，这种想法在某些极端情况下是正确的，但如果你经常这样做，或者不断夸大所面临境况的严重性，会严重损害自己的人际关系和身心健康。

误区三：只有快速有力地释放坏情绪，才能保护自己。

合理地释放坏情绪确实有益健康，但多数情况下，人们会在情绪失控后感觉更加糟糕，因为情绪失控会对一个人的自我认知和健康产生长久的负面影响。

不过，如果完全自我消化个人的不良情绪，隐藏负面情绪，从不对外表达，对自己和他人也没有好处。最好的处理坏情绪的方法，是学会建设性地表达愤怒。

误区四：坏情绪只具有不健康的破坏力。

把发怒和有坏情绪等同于不正常的状态，是不正确的认知。

坏情绪和幸福等正面情绪一样，是正常的、可以存在的情绪，只不过要把坏情绪控制在合理的程度上。

3.7.3　情绪失控的生理机制分析

生活中，我们经常看到情绪失控的人，比如因孩子顽皮打闹而勃然大怒的母亲、因配偶犯错而不断争吵的夫妻、因反感父母管教而甩门离家的青春期少年、因同事无心的一句话而翻脸的员工等。

情绪最让人难以理解的地方是，我们有时会突然变得无法控制自己，而事后会感到后悔。

根据神经学专家约瑟夫·勒杜克斯等人的研究，在情绪失控的事件中，起关键作用的是人的大脑中的杏仁核。

人的大脑中的杏仁核是调节人体行动的中枢角色，在冲动的情感压倒理智时，它会起到支配性作用。那么，它是怎样发挥作用的呢？

接到神经传输来的信号后，杏仁核会立刻扫描每一种应对烦恼的经验。这时的杏仁核就像一位心理哨兵，它会质疑每一种处境和认知，在大脑中反复提着最原始的问题："我讨厌它吗？它会伤害我吗？我害怕它吗？"

假如答案是肯定的，杏仁核会立刻启动"神经警报"，向大脑的各个部分发出危机信号，促使身体分泌战斗或逃跑的荷尔蒙，驱动并激活运动中枢、心血管系统、肌肉，以及内脏器官，导致心跳加速、血压升高、呼吸减缓，以便为下一步行动做好准备。

杏仁核拥有神经联结的延伸网络，这使它在面对情绪危机时，能够指挥大脑的很多区域——包括"理性脑"部分。

勒杜克斯等人的研究还发现，在杏仁核的作用下形成快速情绪反应的神经网络，可以绕过反应稍有滞后，但能够掌握更全面的信息、制定更精确的行动计划的大脑新皮层。

看到这里，大家是否明白了为何人会在某些紧急情况下，有事后令自己后悔的情绪崩溃行为？

那是因为人的情绪系统可以在没有理性意识参与的情况下，做出应急反应。

因此，面对紧急状况，感觉情绪马上爆发时，可以通过做几次深呼吸，或者在心里数几个数，来有意识地抑制发火的冲动，等待"理性脑"做出决策。

这样一来，大部分情况下，我们能理智地处理危机事件，并提升情绪管理能力。

3.7.4　情商并非一成不变，管理者应如何管理情绪？

研究发现，随着管理职位不断提升，技术能力和智商对成功的重要性会递减，情商的重要性则会递增。

那么，管理者应如何管理情绪，从而提升工作效率？

第一，激励自己和员工发挥个人才华。

影响管理者的成就大小的因素，主要有智商和情商两方面。智商因素，主要表现为模式识别能力，是管理者从一堆杂乱无章的信息中找出有意义的方向，并对未来进行高瞻远瞩的预判和决策的能力。除了模式识别，智商在其他方面不占主导地位，以情商为基础的情感能力，更有助于管理者激励自己和员工发挥个人才华。

第二，在温和与果断之间寻找平衡。

有研究显示，面对不同职级的工作伙伴，需要用不同的方法去引导对方的情绪。

比如，下属出现工作失误或工作态度不积极时，应该直截了当地指出来；

同级别的同事出现工作失误时，最好用委婉的方式加以提示；

而面对上级，针对关键环节提出大胆的建议，很多时候更有助于自己的成功。

需要注意的是，不管是直接指出还是委婉引导，作为管理者，要敢于做出果断的决定。在下属出现问题和失误时，管理者不能犹犹豫豫，应该果断判断并做出决策。

平时温和一点没有问题，这跟管理上的果断风格并不矛盾。

第三，将负面压力引导为正向激励。

研究发现，能够承受压力的人更善于释放压力，并让自己快速成长。因为他们会把工作中的困难和临时调整看作个人成长的契机，而不是灾难。

难以承受压力的人，则偏向于把工作、生活中的变化视为一种潜在的威胁。

比如，领导偶尔的消极评价、合作伙伴的质疑、身边环境的变化等，很容易让难以承受压力的人负面情绪爆发、行动力被消磨。

只有那些能够把压力转化为动力的人，能够激励自己、挑战自己，不断完成目标并不断取得成长。

04
CHAPTER

第 4 章

关键技能：
专注高价值区，激发优势潜能

你为之奋斗的事业，是不是内心真正向往的？

你的工作领域，是否能够让你实现你向往的价值？

你的时间、精力，是否都用在了重要技能积累上？

上述 3 个问题，如果你的答案都为"是"，说明你的成长值得期待；如果你的答案都为"否"，那你要警惕了，因为这意味着你可能会错失一些关键机会。

选择关键的技能领域，积累不可替代的技能优势，对于一个人能否蜕变为真正的高手来说，在一定程度上起着决定性作用。

4.1 优势定律：
高手只专注于高价值区域

4.1.1 巴菲特的成功之道——只打甜蜜区里的球

全球著名投资家沃伦·巴菲特的办公室中，常年挂着一幅著名棒球运动员泰德·威廉斯的击球海报。

泰德·威廉斯，被称为棒球运动史上的"最佳击球手"，年度击打率超过40%。这是一个神话般的数据，远超普通优秀击球手的30%。

巴菲特很推崇威廉斯的观点，即提高击打率的秘诀，是不要每个球都打，而要"只击打甜蜜区的球"。

威廉斯把棒球的击打区划分为77个区域，每个区域只有一个棒球大小。所谓"甜蜜区"，指击球成功率最高的理想区域，当球飞入"甜蜜区"，才挥棒击打，对于那些处于边缘区域的球，尽量不要勉强击打。

巴菲特从威廉斯身上学到的核心理念是"高手只专注于高价值区域"，对此，他有这样一句名言："投资这件事，跟棒球场上的击球有异曲同工之处。我们要找到自己的优势和圈子，待在这个圈子里做到最佳，而不要管圈外的其他事。"

更进一步的，巴菲特将其投资理念总结为"只投资那些高价值、可迭代、有护城河的公司"。

4.1.2 高手，在高价值领域死磕到极致的人

为什么有些高手，不管是完成个人工作，还是带领团队冲击目标，都能够做到轻松、高效，获得远超普通人的业绩？

现代管理学之父彼得·德鲁克指出，有些人误以为忙碌是勤奋的表现，事实上，对组织有价值的管理者，必须用"效果"来衡量其管理行为。

对于普通的职场执行者来说，同样如此。现实中，很多所谓的"穷忙族"，会陷入"虚假忙碌"的怪圈，无法自拔。

知名的马太效应依托的金句是"凡有的，还要加倍给他，让他多余；没有的，连他仅有的也要夺过来"。

马太效应反映的是"富的更富，穷的更穷"现象，如果政府不进行有效地监管和财富再分配，就会变为一种自然生成的社会财富两极分化规律。

在个人成长领域同样如此，成功的人，总是越来越成功。

要想获得职业成功，选择比努力更重要。高价值区，即头部位置所能获得的收益，是其他位置远不能比的。

真正的高手，大多很擅长选取自己的"甜蜜区"，他们会在独特的高价值领域盘踞，持续地做正确动作，死磕到极致，从而获取远超平均值的价值回报。

4.1.3 高手的最佳策略——选择长远的路，渐至山峰

很多人常常进入一个误区，即用体力上的勤劳，取代脑力上的奋进。殊不知，人生是一次又一次的投资和选择，选择背后的差异，是认知的差距。

当下看起来平坦的康庄大道，在更高的位置看，也许是一条通向山底的下行通道，而荆棘密布的羊肠小道，可能直抵山巅。

有些人，之所以长期在"好走的路"与"长远的路"之间纠结，是因为站得不够高，没有在更高的认知维度，去俯视当下的道路。

有一句话这样说："进窄门，走远路，见微光。"这是高手进阶的基本认知和最佳策略。

我们可以从以下 3 个方面，来思考和践行这句话。

第一，选择正确的方向，砥砺前行。

所谓"进窄门"，意味着选择困难但正确的方向。越优秀的人，越愿意"自讨苦吃"，寻找微弱但代表未来的光芒。

那么，什么是正确的方向？

有一个年轻人，刚毕业时在公司负责执行、跟进项目，总是有加不完的班、干不完的活。半年过后，他的努力没有激起一点水花，更别提得到表扬和晋升了。

他观察了一下，发现公司中有一多半人在做着跟自己类似的项目执行工作，如流水线一般机械的工作，毫无创意。

慎重思考后，他找到老板，申请组建一个团队，来分析现有项目的共有流程和差异点，以期采用创新的自动化技术来替代人工，完成各项目共同的基础部分。

老板同意后，他用了大半年时间，带领团队做出了一个全新的解决方案，大大提升了公司项目的实施管理效率。尽管他很谦虚地表示是自己运气好，但排除运气成分，也说明了"选择大于努力"。

高手大多擅长从身边的高价值区做起，聚焦于细分战略和关键环节，找到独特的差异化优势。而普通人常有一个致命误区，即把高价值区选得太高、太远，忽视了在很多时候，正确的"窄门"就藏在我们身边。

第二，摆脱非高价值的事情。

在业务上做得好的人，往往不是做得最多的人，而是做的次数少，但单次价值很高的人。

真正的高手，都有深思熟虑后做出正确选择的能力，他们通常会选择做更少但更有价值的事。

英国统计学家 E.H.辛普森提出了一个理论，叫"辛普森悖论"。

辛普森悖论，是说当人们尝试探究两个变量是否具有相关性的时候，会分别对其进行分组研究，奇怪的是，在分组研究中占优势的一方，在总评中经常是失势的一方。

为什么呢？因为人的时间和精力有限，事情做得越分散，在每件事上赢的概率就越小。因此，越是有多种可能性，就越要减少选择项，专注于提升核心竞争力。

顶尖高手的最大自律，表现为彻底忽视高价值区外的事情，即使它们看起来很有吸引力。

综上所述，我们要学会在战略上专注于高价值区，持续深耕、不断迭代，等待回报时机的到来。

第三，克服恐惧，等待时机，一击致命。

在投资领域有一种说法，叫"不要把鸡蛋放在同一个篮子里"。对普通大众来说，这是一种投资避险策略，防止亏损过大。但对于投资高手来说，他们的做法刚好相反。

比如，以年度为单位，投资高手买股和卖股的操作频率是很低的，比绝大多数股民的操作频率低，但他们买卖的准确率远高于一般股民！

麻省理工学院斯隆管理学院的教授丹·艾瑞里认为，人们在面对多个选择时，即使明知其中一项可以获得最大成功，也不愿意轻易放弃其他选择，这是因为人的大脑对于风险是天然排斥和抗拒的。而那些获得巨大成功的高手，经常会克服对恐惧的本能抗拒，等待时机，一击致命。

4.2 | 直击本质：有效地识别和解决问题

在数字化时代，是否具备在复杂环境中识别和解决关键问题的能力，本质上反映着工作能力的高低。

那么，如何更高效地识别和解决问题，避免在低水平的问题上重复犯错呢？

4.2.1 勇敢面对问题，发现问题背后的机会

谈到工作中的"问题"，多数人习惯于描述自己的各种负面感受，且极容易"玻璃心"，遇到问题就心生抱怨，对如何高效解决问题避而不谈。

抱怨与回避，是人的低层次本能，对解决问题而言没有任何用处。

问大家一个问题："试想，你是否能够不依赖任何外部工具，用双手抱着一块60千克的石头，从一楼爬楼梯到五楼，且中途不休息？"

如果我猜得没错，大多数人会摇头表示做不到。

但如果不是抱石头，而是结婚当天抱60千克的新娘子上楼呢？

各位男子汉，是不是大多数会豪气丛生，确信自己一定可以做到？

在工作实践中，很多时候，困扰大家的不是问题太难，而是不会正确看待问题！

成功者找方法，失败者找理由。反之亦然，找方法者易成功，找理由者易失败。

当你开始改变思维习惯，把遇到的每一个难题都当成创造价值和成长进步的机会，你就不会再被抱怨所纠缠，而是勇敢地直面问题。

要知道，麻烦问题的背后往往藏着难得的机会，只有善于解决问题的人，才能得到稀缺机会的青睐。

4.2.2　联想壁垒，会阻碍创新洞察力的提高

很多时候，我们面对的一些问题，看似是"真问题"，实际上是"假问题"。什么是真问题？真问题是隐藏在表面问题背后的那个触及本质的问题。

根据心理学家丹尼尔·卡尼曼的"社会效应"试验，改编两个问题如下。

已知，琳达是一个 23 岁的单身女性，她心直口快、冰雪聪明；她主修环境学，辅修公共政策专业；作为一名刚刚毕业的大学生，她非常关注全球变暖、过度捕捞和环境绿色发展问题；与此同时，她还是一名活跃的社会活动者。

那么，下面两个选项，你认为哪一项是准确的？

A. 琳达是一名行政经理。

B. 琳达是一名热衷于环保运动的行政经理。

已知，桌子上有两个苹果，都是绿色的。

那么，你认为下面哪个答案是准确的？

A. 苹果是绿色的。

B. 苹果是绿色的，而且价格昂贵。

两个问题的正确答案都是 A，你答对了吗？

以上两个问题相似，但第一个问题比第二个问题更容易答错，为什么呢？因为问题的表达方式不同。

在第一个问题中，有不少表述会让我们产生一系列联想，比如"关注全球变暖、过度捕捞和环境绿色发展问题""主修环境学，辅修公共政策专业""是一名活跃的社会活动者"等。

人们会根据这些联想，来假设、推测琳达热衷于环保运动，而不是去思考其他可能性。

这种下意识的思维联系十分微妙，但在现实生活中经常见到。

以美国心理学家吉尔福德为代表的多位创新研究专家认为，正是这种让人们沿着固有路径思考的"联想壁垒"，让多数人能快速地从分析问题过渡到采取行动，

从而提升做大多数事情的效率，但随之而来的弊端在于，联想壁垒限制了人们横向的、多元化的跨领域思考能力，和深层次看透问题本质的能力。

4.2.3　看透本质，依赖于深度思考力

有这么一个案例。

李立是公司老板的助理，某天，老板让他复印一本 300 多页的书，他便站在复印机边，翻页、复印，再翻页，再复印……折腾了一上午，只复印了 100 多页。

而一位实习生王远，看到李立的烦躁后，只用了不到半小时，就帮李立把工作完成了。

王远是怎么做的呢？王远拆掉"书脊"，把整本书拆成散页，用复印机的自动复印功能，麻利地解决了问题。

要知道，内容类知识像座山，技能类知识像堵墙，智慧类知识像层纸，一道"书脊"，对于很多人来说，就是一堵不可逾越的"城墙"。

快速看透一件事情的本质，远比围着浮于表面的现象兜圈子更为重要。那些成长快于常人的高手，出众之处便是更善于直达本质。

美国投资家查理·芒格认为，凡事都询问自己一个又一个"为什么"，才能更好地深度思考问题。

本质，需要人调动深度思考力去触及。快速且准确地洞察问题的本质，是有针对性地解决问题，并让自己迅速成长的关键一步。洞察本质很关键，如果你找到的本质障碍是错误的，那么问题绝不会得到根本解决。

4.2.4　洞察力，不仅是灵光一现，更是有准备的发现

先来做一个实验。

给你 10 秒钟时间，扫视周围，看看身边有哪些物品。10 秒钟后，停止观察。

你记住了多少样东西？

接下来，第二次给你 10 秒钟时间，扫视周围，要求你注意观察绿色的东西。

10 秒钟后，停止观察，回想一下，你是不是发现并记住了一些第一次观察时没有注意到的东西？

什么是洞察力？

洞察力，不仅与灵光一现式的顿悟有关，还与"灵光一现"背后的"有准备的发现"有关，是抓取重要信息、快速做出决策的能力。

为什么大多数人不具备看透事物本质的洞察力呢？

因为大多数人缺少对深度思考力的科学训练，导致其深陷在熟悉领域中无法自拔。缺少洞察力的人，只能在特定领域中，沿着由概念、方法、窍门、经验等要素构成的特定方向，不断向前延伸，变成"单向思维"的人。

企业家弗朗斯·约翰松指出，大众普遍习惯于直线思考的单向思维，要打破这种思考限制，需要推广被称为"多元化思维"的全新思考方式。

多元化思维，指能在不同领域的边界交叉点，把跨领域的概念、思想、方法连接在一起，从而形成向多个方向延伸的新思路、新思想和新方法。

在上面的实验中，为什么第二次扫视周围时，通常会发现第一次扫视时没有发现的东西呢？

因为在第二次扫视时，大家通常会把第一次的无目的观察过程和第二次"注意观察绿色的东西"的要求结合起来，进行"周围空间＋物品＋绿色"的交叉组合观察，用新的视角观察世界，更容易发现新事物。

4.3 | 成功者的涟漪效应：选择最佳职场风格

职场中的成功者，其成功因素除了对成功的渴望、卓越的能力和非凡的机遇，还有一个非常重要，即与人打交道的风格、方式。

那么，应该如何确定适合自己的最佳职场风格呢？

4.3.1 付出者总会吃亏？

跟周围人打交道时，你是习惯以占便宜的心态，尽可能多地追求利益回报，还是习惯奉献，不计回报？到底哪种风格对你的成长更有利呢？

十几年前，林凯从某跨国公司辞职后，跟同学方群一起创业。两人以方群名下的一家公司为创业平台，历经筹划、研发、谈判等艰苦环节，终于在半年后落实了一笔2000万元的投资。

这是林凯第一次创业，缺少经验的他一开始并没有明确地向方群提出要求，让方群把合伙创业的口头协议落实在纸面上。他没想到，投资款到位后，方群并没有按照口头协议，把公司的一部分股份变现给他。

更过分的是，为了不落人话柄，方群找了很多理由搪塞林凯，甚至在合作伙伴和朋友中传播对林凯有损的负面评价。

从上述案例中看，习惯于付出，鲜少要求回报的职场人总会吃亏，事实当真如此吗？

4.3.2 3种职场风格的不同特征

在职场上，可以根据职场风格，把职场人分成3种类型，获取者、付出者、互利者。

获取者的典型特点是希望得到比自身付出的东西更多的回报。获取者普遍认为世界上的事都是零和博弈，为了获得成功，必须把自己的利益置于他人利益之上。合作中，获取者会努力让合作的天平向自身倾斜。

当然，并不是所有获取者都非常残忍，或者说天生喜欢占便宜。很多时候，他们只是为了保护自己的利益。

相对于获取者，付出者有什么特点呢？

付出者与获取者相反，愿意付出更多。付出者习惯以他人为中心，先关注如何帮助他人获得成就，再从中得到自己想要的东西。

需要注意的是，这两种人的区别并不在于好坏，而在于他们与别人打交道时对别人的态度，以及所采取的行动风格。

获取者做事有很强的目的性，经常会有策略地帮助别人，尽量让自己的收益超出成本；付出者则愿意自己付出多一些，即使是让别人取得更多的收益也不在意。

耶鲁大学心理学家玛格丽特·克拉克的研究表明，大多数人在家人、朋友等亲密关系中，表现得更像一个付出者，而在职场中，表现得更像一个获取者。

深究起来，很少有人是单纯的付出者或获取者，大多数人是混合的社交风格，叫互利者。

互利者会基于公平原则行事，帮助别人的时候会寻求回报，但同时会考虑对方的利益，尽量追求等价交换和公平交易。

付出者、获取者、互利者，这 3 种类型之间的界限并非无比清晰，在面对不同的人时，我们可能会在 3 种类型之间转换。

4.3.3　哪种职场风格更有利于成功？

很多人关心的问题是，在上述 3 种类型的职场人及其对应的职场风格中，哪一种最有利于成功？

多项研究显示，付出者在职场中常处于最不利的垫底位置。在很多重要的管理岗位上，典型的付出者很可能处于劣势地位。

比利时研究人员曾对 6 万多名医学生进行了一次行事风格方面的调查，结果显示那些喜欢帮助别人、优先考虑并满足别人需要的学生，在成绩偏差的学生群体中占比最高。

宾州大学沃顿商学院教授亚当·格兰特的研究表明，美国北卡罗来纳州的销售人员中，获取者和互利者的平均年度销售额比付出者的平均年度销售额高 2.5 倍。究其原因，因为付出者非常关心客户利益，不愿意过度吹嘘、推销自己，所以导致自身业绩较差。

甚至还有其他研究表明，与获取者相比，付出者的平均收入少 14%，但成为犯罪受害者的概率高出一倍，而且，成为管理者的可能性更低。

根据上述研究结论，付出者是职场中最具劣势的人。那么，谁是职场成功阶梯顶端的人呢？是获取者还是互利者？

答案出人意料，两者都不是。

研究同样发现，最容易位于职场金字塔顶端的人，或者说职业成功概率最高的人，还是付出者。

在上述比利时研究人员进行的调查研究中，医学院成绩最好的学生群体里，付出者的占比是最高的。

而在亚当·格兰特教授的研究中，销售人员中表现最好的也是付出者，这一部分成功的付出者，平均年度销售额比获利者和互利者的平均年度销售额高出 50%。

上述研究表明，付出者占据了成功阶梯的底端和顶端。也就是说，付出者既容易成为失败者，也容易成为最成功的人。

回到上文中林凯的案例，林凯作为一个付出者，在那次合作中确实吃了大亏，但当时合作的一些客户看到了林凯的付出，欣赏他的为人，后来有好的机会时，会想到林凯并主动找他合作。从长期来看，林凯的这种付出者风格，反而让他获得了更多的利益和机会。

4.3.4　成功者的涟漪效应

很多人认为付出者是笨蛋、傻瓜，但实际上，很多成功的人，非常喜欢帮助别人获得成功，常常主动把自己的经验、能量、资源分享给身边的人。

为什么会这样呢？因为在那些懂得分享的付出者成功的时候，身边被帮助过的人会为他感到高兴并全心全意地支持他，而不会在背后妨碍他的成功。

因此，付出者的成功往往会产生"涟漪效应"，不但持续地让自己更加成功，也让身边人更容易成功。

那么，在职业发展过程中，我们应该采取怎样的策略，让自己更加成功呢？

美国心理学家丹尼尔·平克认为，我们的成功在很大程度上取决于我们影响他人的技巧。

美国管理学教授亚当·格兰特的研究则进一步指出，影响他人有两种基本方法，即建立支配和获得声望。

获取者更愿意，也更善于建立支配。

为了占有尽可能多的资源，获取者会努力让自己看起来高人一等。为了达到这个目标，他们善于做强有力的主导性沟通，以绝对肯定的方式推销自己，并在必要时表现愤怒和威胁，从而控制双方关系的走向，有效地建立支配。

但建立支配，是不是获得影响力的最有效途径呢？

不一定。当听众对你的言辞心存顾虑时，你越试图支配他们，他们越抗拒。即使听众愿意接受你的说辞，建立支配也不过是一种零和游戏罢了。

与此相对，获得声望并不是零和游戏。

获取者经常担心，如果暴露了自己的弱点，支配性和权威性可能会被削弱。付出者则能更轻松地表现弱点，因为他们感兴趣的是如何帮助别人达成目标，而不是获得对他们的支配权。

事实上，当你本身是拥有强大专业能力的专家时，适度地暴露弱点，反而更容易让他人欣赏和信赖。

需要注意的是，只有当跟你打交道的人有足够的能力来判断你的专家身份时，示弱才是有效的做法。

通俗地讲，水平较差的人暴露弱点时，听众和交流者会更加不喜欢他；真正的高手暴露弱点时，听众和交流者却会更加喜欢他。

心理学家把这种现象称为"失态效应"。

看到这里，你明白为什么付出者既容易成功，又容易失败了吗？你知道自己适于哪种类型的职场风格了吗？

4.4 | 积累优势技能：死磕一件事，更易成功

现实生活中，我们经常有如下感慨。

某个人读书时算不上优等生，工作后却成为某领域的顶尖专家。

某个入职时看起来天赋平平的人，几年后却成为最先晋升的人。

某个看上去并不出众的小伙伴，却在创业后取得出人意料的成功。

……

这些看上去不可思议的事情，经常发生在一些普通人的身上。他们是怎样积累独特的优势技能，从而蜕变为出类拔萃的高手的呢？

4.4.1 职业发展的核心要素

新精英生涯创始人古典提出了个人职业发展的 5 个要素，并针对人们职业生涯的不同时期，进行了详细的发展趋势分析，如图 4-1 所示。

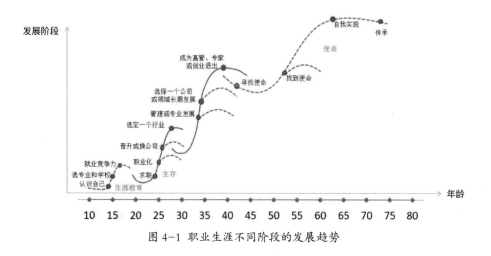

图 4-1 职业生涯不同阶段的发展趋势

个人职业发展的 5 个核心要素，分别是喜欢干、擅长干、值得干、看趋势、抗风险。

第一个要素是"喜欢干"，即探索个人的职业兴趣。

很多年轻人会把"欲望"或"嗜好"错当成职业兴趣，从而让自己陷入困境。比如，我见过很多学生，以"有开发兴趣"为名沉迷于游戏，但其实在长大之后，真正成为游戏开发专家的少之又少，大部分人只不过是给自己玩游戏找一个借口而已。

只贪图"舒爽享乐"的结果，对实现目标的艰苦过程避而不谈的"兴趣"，都可以判断为"欲望"，而非真正的"职业兴趣"。毕竟，真正有职业兴趣，需要不断自我修炼以实现长期目标，并要以强大的自驱力作为支撑。

第二个要素是"擅长干"，即明确个人优势。

根据美国盖洛普公司全球咨询业务负责人汤姆·拉思的总结，个人的优势构成要素主要有 3 个，分别是天赋、技能、知识。

天赋是一个人与生俱来的个性和本能，比如执着、果断、富有竞争精神等。

技能是一个人在工作中习得的方法、拥有的能力，比如护士会安全注射、篮球运动员投篮命中率高、作家写文章又快又好等。

知识也是后天习得的，它与技能的不同之处在于它更多的与行业或专业领域紧密结合。比如，一名篮球教练转到足球领域，很多知识无法复用。

第三个要素是"值得干"，即所选职业要符合自身的价值观。

人的价值观各不相同，选择不符合自身价值观的职业，不仅很难持久投入，而且不容易创造出高成就。

喜欢干、擅长干、值得干，这是 3 个由自身决定的内在因素。看趋势、抗风险这两个因素主要受外部环境影响，本书不做过多探讨。

4.4.2　清晰识别核心优势

上文介绍了个人职业发展的 5 个核心要素，接下来介绍识别自己核心优势的方法。

如果你想清晰识别自己的核心优势，可以从 4 个方面入手。这 4 个方面，可以分别用英文字母 S、I、G、N 作为标志。

第一个标志 S，代表"成功"（Success）。

人的核心优势，会体现在他的成功经验上，即这种核心优势曾经让他获得某些成功。

第二个标志 I，代表"直觉"（Instinct）。

一个人会情不自禁地被某个事情、技能或活动反复吸引，这就是人的直觉。

第三个标志 G，代表"成长"（Growth）。

如果一个人在学习某种技能时，相比于自己学习其他技能快得多，能想出最好的点子，或拥有最好的洞察力，且感觉很轻松，这意味着这个人对此事有天生的求知欲，不知不觉就得到了成长。

第四个标志 N，代表"需求"（Needs）。

有"需求"，指一个人做完某件事之后发现很有成就感，觉得自己很满足，事后依然有欲望，会经常想重复去做同样的事情。

总体来看，上述 4 个标志性的核心特质，能够让一个人感到自己非常强大。相应地，每个人的核心优势，就是让自己感到强大的天赋、技能和知识。

现代个性心理学创始人之一、美国著名心理学家高尔顿·威拉德·奥尔波特认为，人都有一种天生的本性，那就是我们的兴趣爱好处于最深的动机水平，可以自发地驱动着我们去探索和行动。

由此看来，找到真正喜欢并且擅长的优势技能，勤加练习，激发最大的潜能，可能更容易取得成就。

4.4.3　跨过从 0 到 1 的门槛，普通人的技能蜕变之路

优秀人才的成长与成功创业公司的发展有类似之处，那就是从 0 到 1 很困难，但一旦跨过了"1"，后面的蜕变会不断加速。

各行各业中的大部分人，因为未能跨过"1"的门槛，而难以挤进顶尖高手的行列。为什么呢？

因为多数人的思维模式和学习方式是在不断积累难以产生质变的内容类知识，不知道这种知识带来的价值存在"天花板"。

要知道，内容类知识像座山，普通人就是像愚公移山一样挖个不停，"子子孙孙无穷尽也"，也很难学完、学透。

而技能类知识像堵墙，如果长期死磕一件事，能够在某领域积累得到独特技能，那么很有可能"破墙而出"，成为专家、高手。

当技能积累有了一定的基础，且跨过了"1"的门槛，成功突破了思维模式的限制，那你就能够像"破墙而出"的"天才"一样，成为世人关注和资源投入的焦点。

4.4.4　死磕一件事，更易成功

很多厉害的人，懂得先聚焦于某一个专业领域，持续地深耕细作，集中精力和资源死磕到极致，再用这个支点，撑起自己的整个职业生涯。

比如，一名顶尖的网球运动员，能精准地击中球网对面的一枚硬币，甚至做到百发百中；一位技艺高超的顶级厨师，能够把一块豆腐切得薄如蝉翼，不碎不断、绵延不绝。

选择锁定某一领域，用 10 年做一件事；经常变换领域，用一年做 10 件事，两者的结果可能会截然不同。

《天龙八部》中的乔峰和慕容复在交手前，一直被并称为"北乔峰，南慕容"。

两个人的武学模式并不相同，乔峰专注于练习降龙十八掌，将这套掌法练得出

神入化；慕容复则通晓天下百家武学，各门各派的功夫都会一些，降龙十八掌也模仿得有模有样。

后来，两人交手，结果让人大跌眼镜，乔峰轻而易举地打败了慕容复。

要知道，持之以恒的精耕细作，专注于将一件事情做到极致，最容易让一个人成为顶尖高手，拥有独一无二的价值。

你所长期专注的，可以是你的职业，比如，经典电影《肖申克的救赎》中，男主角是一位金融奇才；爆款美剧《硅谷》中，男主角是一名数据压缩领域的大神。

你所玩命死磕的，也可以是一项战斗力爆表的特长，比如，电视剧《琅琊榜》中，男主角是一个谋略高手；电视剧《甄嬛传》中，女主角是一名人际关系大牛。

在各个专业领域，几乎都存在着类似的规律，为什么呢？

因为人们容易高估某个决定性时刻的重要性，同时低估技能优势持续改进所可能带来的长期价值。

著名习惯研究专家詹姆斯·克利尔指出，在某一天改进 1% 并不引人注目，但如果在一年内每天进步 1%，那一年后将得到指数级成长。与此相反，如果一年中每天退步 1%，或者保持原地不动，但社会每天整体进步 1%，那一年后，原来拥有的知识技能的价值几乎下降为零。

要知道，长期专注一件事并持续改进、提升，以获得独特的核心技能，是职业生涯成功的最佳策略之一。

符合这种成长模式的例子，在生活中随处可见。

比如，竹子在生长期开始 5 年的生长速度非常缓慢，因为它一直在地下建立四处蔓延的庞大根系，为此后 6 周内飞速生长做准备。

技能类知识的增长，并不是简单的线性增长，它具有"量变引起质变"的倍增效应，能够在积累到一定程度时，给人带来指数级增长的巨大变化。

4.4.5　先专注，再跨界，打造稀缺的技能价值

一个人在职场中的价值，不是由勤奋决定的，而是由稀缺性决定的。当一个人的技能具有稀缺价值时，这个人就变得不可替代。

漫画家、作家斯科特·亚当斯的绘画、写作技能都非一流，但经过长期训练，都小有成就。

在此基础上，他把绘画技能和写作技能结合起来，创作了"迪尔伯特漫画"（又称"呆伯特漫画"）。该系列漫画问世后，迅速在 65 个国家，被使用 25 种语言、超过 2000 家报纸转载，一炮而红。

先专注，再跨界，是普通人创造自我价值稀缺性的常见路径。

你明白了吗？

4.5 | 高峰体验：
进入心流状态的最佳方式

时间，完全公平，但不同的人在差不多的时间里，所取得的成就迥然不同。

其中的主要原因，是不同的人在单位时间内的价值产出不同。

积极心理学奠基人之一、"心流状态（简称心流）""精神熵"和"自成目标"的提出者米哈里·契克森米哈赖研究表明，一个人只有全身心投入，经常让其身体或大脑达到极限，并积极、主动地完成艰难且有价值的工作，由此带来最优心理体验和幸福感，才能激励自己长期努力并取得成功。

他把各行业高手经常体验到的最优心理体验状态称为"心流状态"。

怎么做，才能持续体验"心流状态"呢？下面 5 种方法，值得尝试。

4.5.1　面对重要工作，清空大脑，只做一件事

有一项研究表明，在住院医生助理等工作岗位上，工作者每天会面对很多冲突和临时性工作，他们的大脑总处于"开机"状态，总是在等待、紧张、期待、权衡，如此一来，疲惫和思维混乱就不可避免。

知名脑科学家斯里尼·皮利教授认为，只有大脑放松，才可能一心多用，而多任务并行处理，可能让人失去认知节奏。

实际上，人的大脑是难以同时处理多项复杂任务的，在同一个时间点，人的注意力只能聚焦在一个事件上，停留在脑海中需要同时注意的事情越多，耗费的反应时间越长。

唯一的例外，是同时进行的两件事情中，有一件是简单、重复、机械的事情，不需要消耗太多注意力，比如一边吃饭，一边查阅手机。

一心多用，适用于做简单且不复杂的事情，对于多个重要且困难的事情，让大脑并行处理，不是好的选择。

由此可见，要想进入心流状态，需要在一段时间内清空大脑，只专注做一件重要的事情，等将它完成后，再启动下一件事。

4.5.2　唤醒内心渴望，吸引所期许之物

有个小和尚，入寺后首先被分派去撞钟，半年后，被老住持调到后院劈柴、挑水，理由是他不能胜任撞钟一职，小和尚非常不服气。

老住持说："你撞钟虽然很准时，也很响亮，但是钟声空泛、疲软、没有感召力。只有用'心'去撞钟，把自我融入其中，才能撞出唤醒沉迷众生的钟声。"

知名的"吸引力法则"表示，人类所有的思维活动，都会产生某种特定的"频率"，这就好比杜鹃的求爱信号、蝙蝠的探路超声波，会引起同频共振，常将思维活动中涉及的事物吸引到我们的面前。

简单来说，就是如果你对某种事物极度渴望，那么吸引来你所渴望之物的概率会大大提升。

很大程度上，这是因为内心对某种事物极度渴望的人，更容易进入心流状态。

同样一份工作，两个人来做，即使他们水平相近，如果内心对成果的渴望程度不同，最后的成果差距也会是巨大的。

4.5.3　克服"万事开头难"，找准发力方向

在 1.1.3 小节中，介绍过一个案例，即成功人士普遍表示，自己做事时并没有想过一定要坚持，回头看看走过的路，自己都觉得害怕，不知不觉居然做了这么多；倘若再来一次，他们也可能会被艰巨的任务吓倒，从而难以坚持下来。

这些成功者，大多是由于非常喜欢做一件事，并且在开始做事情时找到了正确的方向，才能不断地激发自己。

于是，一开始的"喜欢"变成了"坚持"，直至成功。

俗话说，万事开头难。

重大任务之所以在开始时最难，是因为需要耗费大量精力去找到正确的方向，并逐渐让自己沉浸其中，持续尝试，直至达到有"高峰体验"的心流状态，帮助自己坚持到底，不断前行。

顺利完成重大任务的最好方法，是一开始就让自己处于既在自己的舒适区之外，又离自己的舒适区不太远的地方，逐渐去挑战自己的认知极限。

为什么？因为如果目标任务过于繁重，可能会直接把你吓退；如果目标任务太过简单，你容易感觉无聊，自己的最大潜能无法被激发。

4.5.4　有效识别并解决问题，让心流体验不断升级

很多时候，困扰你的问题是大还是小，取决于你如何看待问题。

要明白，问题往往蕴含着机会，只有妥善解决每一个小问题，才能不断激发自己的兴趣，获得持续前行的动力和助力。

日本马拉松运动员山田本一说："我之所以能在日复一日的枯燥训练和比赛中坚持，是因为我把每一次的马拉松路程分为几十个小目标，这让我每跑一段距离，就能够获得一些完成任务的快乐，以及坚持到底的勇气。"

心流的获得是如此之难，才会让很多人宁愿沉浸在浅层的"小确幸"中，不愿挑战自己，殊不知克服重大困难后那种有巨大冲击力的愉悦，能带来更多努力的动力。

所以，确定长远目标后，不妨将其划分为一个个小目标，让自己在过程中不断获得升级的心流体验，这是持续前行的最好方法。

4.5.5　安装心流开关，营造不易分心的环境

彼得·尚克曼是一位著名的演说家，他曾签订了一个出版合同，被要求仅用两周时间，完成一部书的全部手稿。

为了完成这一挑战性目标，他做了一件非常规的事情。

尚克曼定了两张商务舱机票，在从美国飞往日本的航班上写了一路；抵达日本后，他在休息室里喝了一杯浓咖啡，立刻登上返航的飞机，又写了一路。

他之所以能在近30个小时内完成一部书的全部手稿，是因为距地近万米的高空是帮助他保持专注、激发潜能和创造力的理想环境。封闭的飞机机舱帮助尚克曼进入了心流状态，在这种状态中，没有任何东西能干扰他。

因此，找到合适的环境开展工作，在环境和行为之间建立联系，更容易进入心流状态。

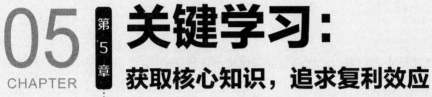

05 第5章
CHAPTER

关键学习：
获取核心知识，追求复利效应

为什么有些上学时成绩优秀的人，工作后逐渐平庸？因为成人的终身学习和学校教育有着本质不同。

学校教育，是被动的安排式教育，有固定的时间表，有标准化的考试成绩。而终身学习，是主动的自我提高，所掌握的知识技能大多能在关键时刻发生作用，并持续地创造价值。

我们应该怎样学习，才能获得真正可以创造价值的知识呢？

5.1 无效学习：
记住了，不等于学会了

现实生活中，很多人之所以有成长速度不达预期的困扰，是因为他们一直处于"假装学习"的状态。

接下来针对 4 种常见的假装学习表现，分析如何学习才奏效。请大家自查，看看有没有自己的影子？

5.1.1 莫把收藏当学习，组合动作才奏效

很多人患有信息收藏方面的"松鼠综合征"，即特别喜欢收藏各种知识。

比如，每当刷到好文或有用的视频，便放入收藏夹，心想"等我有时间，一定好好学习"，以后却不曾再看一眼；

又如，会把资料分门别类地收藏起来，但"只做输入，不做输出"，遇到现实问题时，根本无法想起这些知识。

这些"资深收藏家"似乎有"意念学习大法"，仿佛只要链接在手，就可以"知识无限拥有"，但结局往往是"收藏从未停止，学习从未开始"。

为什么明明知道收藏后很少会看，却还是停不下点击收藏的手指？

因为"一键收藏"这个动作能够带来瞬时满足感，比深度阅读容易得多。

这种"收藏约等于吸收"的心理安慰，能让人产生"我在努力学习"的"幻觉"，以此对抗知识焦虑。但长此以往，这会让人丧失"真正学习"的能力和热情。

要知道，正确的收藏，需要完整完成下述"组合动作"才能奏效。

比如，在收藏之前，把内容仔细读透并贴上标签，便于此后搜索和使用；又如，仅收藏对构建知识体系有用的内容，这种筛选过程有助于思考、沉淀；再如，把新

知识点与已有知识关联，建成有机的网状体系，而不是孤立的知识孤岛。

5.1.2　莫把信息当知识，搭建知识架构

你身边有没有这种人？天天打着学习的旗号，不停地刷知乎、刷微博、刷抖音、刷豆瓣、刷朋友圈，这里看点儿信息，那里翻点儿花边新闻，晚上告诉自己："我今天的学习任务完成了！"

你知道信息和知识有什么区别吗？

某天，老李在街上看到一头奔跑的猪，一下子撞在树上晕过去了，于是他兴奋地对邻居们添油加醋地描述了一番；第二天，老李在路上看到一个骑电动车的人追尾了一辆自行车，又是对邻居们一顿描述，心里特别兴奋。

除了兴奋的情绪，他什么都没有得到。

对于老李来说，他接收了猪撞树、车追尾的"信息"，但并没有得到任何"知识"——他没有从这两个事件中，提炼出"速度太快刹不住车""保持安全车距能降低危险"等通用规律，更没有悟到自己以后在类似的情况下怎样规避同类型的危险。

高手，往往特别擅长"一滴水看清全世界"。这个道理，就如佛经中所讲："一花一世界，一叶一如来。"

这是因为，有效知识的产生过程，是对纷杂信息进行系统整合和总结概括，并转化为思考框架和实践理解力的过程。

正如美国投资家查理·芒格所讲，如果你只是孤立地记住一些事情，试图把它们硬凑起来，那你无法真正理解任何事情……你必须依靠模型组成的框架，来安排你的经验。

其实，积累知识，就像搭建一个建筑用的脚手架。有效学习，是筛选有用的信息并将其模块化、标准化，像垒砖块一样，按照设计好的架构往框架里放。

学习效率高的人，大多擅长在大脑中搭建"知识架构"。当遇到新的问题时，

就算他们尚未掌握解决方法，也知道应该从哪些方面入手，去查阅资料或向人请教，进而和自己原有的知识融合并寻求创新，迅速把问题搞定。

5.1.3 莫把阅读当思考，萃取有效的知识晶体

我曾给一家公司做管理咨询项目，以帮助提升业务销售人员的业绩，并构建有效的销售激励制度为目标。

调研后，我惊讶地发现，跟优秀的业务人员相比，那些业绩不佳的员工不是电话打得不够多、不够勤奋，而是在面对公司提供的潜在客户名单时，缺少足够的思考。

业绩较差的员工，普遍天天机械地面对客户名单，不变样地按照固定话术，从早到晚打电话打个不停。一旦业绩不好，就抱怨公司提供的客户名单不行。

而厉害的业务人员，会开动脑筋对客户名单进行整理、分析，选择成交可能性大的潜在客户，设计针对性强的话术进行差别化沟通。如果公司给的客户名单不够用，就自己想办法去找新的客户名单。

很多人面对书籍、资料和信息，只会简单地阅读、浏览和机械使用，不懂得如何思考和活学活用，这是创造不出卓越的业绩和价值的本质原因。

要知道，有效学习的过程，其实是正确处理信息的过程，步骤是输入、处理、输出、总结。那些读完后无法讲出来、无法写出来、无法应用在工作中、无法转化为价值的"知识"，其实不是真正的知识。

这正如美国著名认知心理学家亨利·罗迪格所比喻的，不花力气去思考的学习，就像在沙子上写字，今天写上的字，明天就消失了。

所以，真正的终身学习者，会把阅读、学习变成"在硬土上刻字"，把外界的信息雕刻、融合到自己的大脑中，让分散的知识碎片变成结构化的"知识晶体"，进而在实践中萃取和使用。

5.1.4　莫把知识当能力，记住了不等于学会了

现实中，有很多"热爱学习"的人，知识一学就会，但事情一做就废，这是为什么呢？

这是因为他们的"学"和"干"脱节了，不懂得"在干中学""在学中干"才是终身学习的精髓。

为了学习而学习，很难把各种外在知识和自己的认知融会贯通。错把"记住了"当成"学会了"，这是脑子里塞满"无效知识"，而能力不达标的表现。

要知道，真正的技能学习，是为了提升解决问题的有效性和可控性。

围观篮球比赛时，场中有一个看架势就是高手的人，上一回合行云流水一般变向、突破、上篮，下一回合辗转腾挪并干净利落地投篮，可惜两个球都没进。

可是尽管他两次都没有进球，但观众大多能断定，这个人打篮球非常厉害，他进球只是早晚的事。

为什么呢？

因为他在运球、突破、投篮的过程中，动作非常熟练和稳定，无论对方怎么防守，他都能够有效控制节奏，即他有一套独到的篮球认知和打球方式。

深层次的学习者，一定能够把普遍的知识规律和个人的认知技能深度结合。如果仅仅是浅层次学习，那只是在重复别人的经验，让自己的脑袋成为别人的成果的跑马场。

这就像电视剧《天道》中芮小丹所说："只要不是我觉到、悟到的，你给不了我，给了我也拿不住。只有我自己觉到、悟到的，我才有可能做到，我能做到的才是我的。"

5.2 深度学习：获取触及本质的体系化知识

5.2.1 你的勤奋为什么没有用？

为了让自己快速成长，毕业不久的大学生王焕下定决心坚持疯狂读书。他通过快速浏览别人写下的拆书稿，完成了一年"打卡"180本书的"壮举"。

某次，王焕满怀信心地去一家公司参加面试，自豪地说起了自己的学习经历。

面试官对此很感兴趣，于是跟他聊起其中一本书里的观点，没想到王焕张口结舌，完全记不起书中的内容。

为什么呢？

王焕的"学习"，只是简单阅读别人的拆书稿，知道某本书大致讲了些什么而已，他获取的，是浅层的"二手知识"。

很多拆书稿，是直接把结论和观点告诉受众，跳过中间最有价值的学习环节，读起来会感觉很轻松，甚至不需要思考，可以一目十行。但这意味着，王焕仅停留在简单的阅读环节，并没有理解、思考、感悟、实践，难以把阅读到的内容归纳为属于自己的体系化知识。殊不知，理解、思考、感悟、实践等学习环节是更重要的，并且难度远高于简单阅读。

我在本书中反复强调一个观点，即凡是自己讲不出来、写不出来、不能转变成工作成果的知识，都不是真正属于自己的知识。

这是因为，它们未融入你的知识结构和经验技能。

所以，案例中的王焕很勤奋，却只去挑战学习闭环中最轻松的部分，陷入"伪勤奋"的陷阱，必然难有真正的进步。

5.2.2 终身学习的 4 个阶段

IBM（国际商业机器公司）前首席咨询顾问清水久三子提出了终身学习的 4 个阶段，如图 5-1 所示。

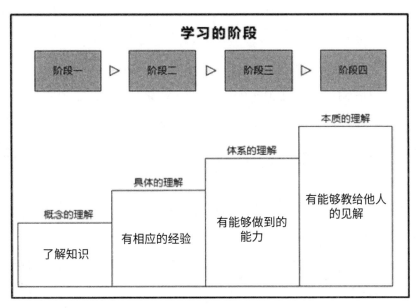

图 5-1 终身学习的 4 个阶段

清水久三子认为，成人的终身学习有 4 个阶段，分别为概念的理解、具体的理解、体系的理解、本质的理解，要想创造价值，需要达到阶段三或阶段四。

让人感到可惜的是，很多人达到阶段一或阶段二后，放弃了向能真正创造价值的后两个阶段冲刺，不再下苦功夫继续学习，以到达更深一步的对体系、本质的理解。

究其原因，是因为很多人感觉只要到了"具体的理解"这一步，就足够应付大部分工作，虽然这样做是无法创造出独特价值和超出常人的出色成果的。

5.2.3　螺旋式上升的深度学习法

为了帮助大家达到较高的终身学习水准，打破知识与实践的界限，下面介绍一种螺旋式上升的深度学习法。该方法，由中国人民大学杨杜教授提出。

该方法有 4 个基本环节，即实践、经验、感悟、理论，共同构成深度学习循环。

第一步，实践。

大家有没有发现，当没有工作目标摆在面前时，看书是很难看进去的，有时，就算是看了也记不住，记住了也不会用。因此，终身学习的起点，是实践。

当工作中有了具体目标，比如写一篇公众号文章、做一个销售计划，或者负责一个项目，带着目标去寻找解决方法和相关知识，不管是看书还是向别人请教，效率都会高很多。

这是因为有意识地搜集、归纳和重构知识的过程，会加深人的学习印象。

第二步，经验。

实践之后，自然会有经验。经验对于人的成长来说很重要，它是获取所有隐性知识的前提和基础。

不过，仅有经验是不够的，因为经验是一种不可复制的、难以有裂变效果的知识，要想应付更多的场景，灵活处理不同的工作，需要将经验升华。

第三步，感悟。

感悟是深度学习循环的核心环节，即把经验与各种场景化知识对照，总结出其中的规律，感悟出属于自己的真知灼见。

如何感悟呢？最重要的，是要透彻理解"悟"的含义。

"悟"，左边是"心"，右边是"吾"，即我要用心去思考。

"悟"，左边是"心"，右边是"五口"，即要把思考的结果说出来、写出来，才能够与他人共享知识，与团队一起改进工作、完成目标。

第四步，理论。

知识的来源有很多，可能来自书上的模型，可能来自领导的指导，可能来自老师的观点，也可能来自个人的经验，无法逐一列举。

有了实践、经验，经过思考、感悟，我们需要把各种来源的知识融会贯通，变成自己独有的知识体系和方法理论。随后，用这个知识体系和方法理论去指导新的实践，获得新的经验，经历新的感悟，产生新的理论。这便是螺旋式上升的学习循环。

打一个比方，大脑处理问题就好比厨师烹饪，同样的原料，不同的厨师做出来的食物的形状、味道、价值完全不一样。

学习时面对繁杂的知识，就好比人的大脑里装满了面粉、水等各种原材料。面对需要解决的难题，很多人越想越烦，结果摇头一晃，大脑里的"原材料"变成了"一锅粥"，根本不知道该如何解决问题。而那些创造力超强的高手，大脑中的触及本质的体系化知识都是有独特结构的知识晶体，饱含个人的智慧、心血和认知，能够妥善地"融合"、高效地解决问题。

真正的深度学习，都符合螺旋式上升的学习规律，要经过"先由薄变厚，再由厚变薄"的过程。由薄变厚，是积累大量的非结构化知识；由厚变薄，是把各种杂乱知识转化成体系化知识。体系化知识越科学、越高效、越开放，后续就越容易吸纳更多的非结构化知识，帮助我们逐渐向高手进化。

5.2.4　如何利用碎片时间高效学习？

现实生活中，为什么有些人看了很多"心灵鸡汤"，知道坚持的结果很美好，却依然很难坚持下来呢？

那是因为，"心灵鸡汤"大多只讲结果，不讲过程。要坚持一个好的学习习惯，管理过程最重要。

我有一位朋友是健身达人，他说过这样一句话："工作之余坚持健身很不容易，不过，我每次想要放弃时，一想到女朋友看见我的强健肌肉时赞赏的目光，立刻就有动力继续'撸铁'。"

由此可见，坚持对好的习惯的养成，关键是找到激励自己的"开关"，这便是开关、行为、回报的习惯养成之道。

在当今社会环境中，多数人的时间是碎片化的，养成高效利用碎片化时间的习惯由此变得十分重要，那么，我们应该怎样利用碎片时间高效学习呢?

很多人有一个错误的认知，即认为需要有大块儿完整的时间才能学习，否则达不到良好的学习效果。但其实，一般情况下，一个人能够集中精力高效学习的时间，一次只有 20 分钟左右。

所以，终身学习中最重要的事情，是有意识地高效利用碎片时间，有节奏地去学习。

坐地铁时，可以看一段知识密度高的视频，或者读懂一个重要概念；

临睡前，给自己安排半个小时的阅读时间，一周下来，能轻松读完一本书；

早上撰写心得体会和感悟，是获得体系化知识的好方法。

······

这正应了爱因斯坦所说的话："人的差异在于业余时间，业余时间生产人才，也生产着懒汉、酒鬼、牌迷、赌徒。由此不仅使工作成绩有别，也区分出高低优劣的人生境界。"

5.3 学习留存率：以价值输出促进知识输入

有一次，我在北京大学指导的一名研究生来与我交流学习方法。

我问："你读过那么多书，哪本书对你的影响最大？"他回答："是彼得·德鲁克的名著，《卓有成效的管理者》。"

我接着问："通过阅读这本书，你学到了什么？"他说："这本书没有让我失望，读过之后收获很大，学到了很多东西。"

我追问："你能把学到的东西，用自己的语言，总结 3 点讲给我听吗？"他支支吾吾，说不出个所以然。

根据他的表现，我判断他只是肤浅地阅读了这本书，并没有自己的理解、思考和感悟，所以没有学到精髓。要知道，对于技能知识来说，凡是自己说不出来、写不出来的，都不是真正属于自己的知识。

5.3.1 费曼学习法的基本特征

1999 年，我大学毕业后进入一家化工厂，从事技术与产品研发工作。由于不喜欢实验室的枯燥环境，喜欢与人沟通的我决定放弃本科所学的高分子材料专业，零基础报考企业管理专业的研究生。

我报名时，离当年的研究生考试只有不到两个月的时间。我把用于备考的十来本经济学和管理学教材都买了回来，开始高强度的自学冲刺。

首先，我用了 20 多天，把所有教材通读一遍，并把主要知识点摘抄在笔记本上，做出来的笔记足有几百页；

然后，我用了 10 多天，把笔记内容精读一遍，并把其中的重要知识点用自己的逻辑改写了一遍，这时，新的笔记内容只有约 50 页；

接下来，我又用了 10 多天，把主要内容的关键词、概要总结出来，并把当年发生的重大时事与核心内容相结合，做成了思维导图；

最后，我在考试前的几天里，对着镜子反复地自我复述、自我讲解，效果良好，于当年幸运地通过了研究生入学考试。

现在回顾发现，我在备考期间使用的学习方法，与近些年被很多人推崇的费曼学习法高度相似。

费曼学习法，是强调以教促学、以知识的输出倒逼输入的高效学习方法。

在备考的那段时间里，我先梳理重要的知识点，将其概念化、简化，再建立有自洽逻辑的知识图谱，最后一遍遍地复述和自我讲解。

这一过程，恰与费曼学习法提倡的 4 个关键词相呼应。这 4 个关键词，分别是概念化（Concept）、以教促学（Teach）、回顾（Review）、简化（Simplify），这也是费曼学习法的基本特征。

5.3.2 费曼学习法的核心理念和效果

为什么说使用费曼学习法学习的效果，比使用其他学习方法学习的效果好很多？

据美国著名学习专家爱德加·戴尔研究，在比较不同学习方法的学习效果时，费曼学习法的"两周知识留存率"指标是表现最好的。

所谓两周知识留存率，是人们使用不同的方法学习时，大脑在两周后能记住的内容占所学全部内容的比例。这个指标越高，意味着知识输入的学习效果越好。

使用不同的学习方法学习，效果大致如下。

如果只是听别人讲，两周之后的平均知识留存率仅为 5%；

如果是看书阅读，平均能记住 10%；

如果一边看一边听，平均能记住 20%；

如果听完后及时与别人讨论，平均能记住 50%；

如果听完、看完后，能实践、演练、应用，两周之后的平均知识留存率约为 75%。

值得注意的是，如果使用费曼学习法，能在听讲、阅读后，实践、应用，并主动讲给别人听，两周之后的平均知识留存率可达到 90%。

费曼学习法强调的核心理念是什么？是以教促学、以输出倒逼输入，这正是提升学习效率的精髓。

在我的考研案例中，我经历了知识"先由薄变厚，再由厚变薄"的过程。由薄变厚，是积累大量的非结构化知识；由厚变薄，是把各种杂乱知识转化成独特的体系化、结构化知识。高效的学习方法，必然会帮助大家高效率地完成这个过程。主动吸收、转化得到的体系化知识表现得越科学、越高效、越开放，后续就越容易吸纳更多的非结构化知识，让学习和工作效率大大提高。

5.3.3　费曼学习法的 5 个应用步骤

正确地使用费曼学习法，应该按照如下 5 个步骤进行。

第一步，确定学习目标。

没有明确的学习目标，所有学习方法都很难奏效。学习目标来自哪里？最好来自兴趣，或者是你重视的事物。

大家想一想，"无中生有"这个词，背后蕴含着什么哲理？

本质上，它讲的是人的需求和目标的关系。也就是说，要想找到"有"，必须先找到"无"。"无"是什么？是人的需求。

要想让产品畅销，一定要确保它能满足用户的需求。

要想追到女（男）朋友，一定要能满足她（他）的内心需求。

要想让一个人奋发图强，一定要能通过某种方式激发他的上进心。

……

同理，要想专注于学习，必须先确定能让自己专注、投入、遇到困难也不放弃的学习目标。

第二步，快速且系统地理解目标知识。

如我考研时所做的一样，在学习的初始阶段，大家应该先通过快速通读找出重点内容，再筛选和提炼知识点，并进行初步概念化，建立知识的整体逻辑。

在这个阶段，最怕的是钻进知识的某个角落，陷在里边走不出来。一开始就精读并不是最好的选择，这很容易让人进入"只见树木，不见森林"的困境。

第三步，以教促学，以输出倒逼输入。

要想记牢学习到的知识，需要用输出来倒逼输入。比如，可以复述给别人听，可以跟别人讨论，也可以自我复述，或者用记笔记的方式写给自己看。

请注意，在复述给别人听时，最好遵从"两用两说一不"的原则。

"两用"，即用自己的话，用简单的语言去表述；

"两说"，即说给老太太听，说给8岁的孩子听；

"一不"，即不要用晦涩难懂的行业术语与他人沟通。

遵从这个原则，能避免陷入"知识的诅咒"，即避免像很多专家一样，满口专业术语，让人听得云里雾里。要尽量多用讲故事、打比方等方法，把知识的表象、本质和现实巧妙地融合，这样才符合费曼学习法倡导的"简化"原则。

第四步，及时回顾、反思。

学习过程中，学完了、讲完了、考完了，也在工作中用过了，必然会对知识有更深的认识。随后，最好及时回顾、反思，在新知识与自己已有的知识之间建立起深入、密切的联系。

这个过程，是知识的体系化、结构化过程。只有不断回顾、感悟，才能真正建立、拥有属于自己的、独特的知识体系和知识晶体。

第五步，简化吸收。

对于已学到的知识，应该怎样去简化、吸收呢？这需要大家结合自己的经历、经验，整合、吸收新知识与旧知识，并变成实践中的创新应用。否则，学到的知识，可能很快就会被忘记。

因此，书上有再多的知识，没有用，老师讲得再好，也没有用，因为它不是属于你的——凡是你讲不出来、写不出来、不能应用到实践中、不能创造出成果的知识，都不是你的知识。

综上，就是费曼学习法的内涵和应用方式。

5.4 高效阅读：不要让阅读沦为沉没成本

在学习过程中，你是否遇到过阅读方面的障碍？

朋友推荐了一本好书时，遇到某位大咖签售新书时，很多人会忍不住"剁手买入"，信誓旦旦地立下"半年内读完"的誓言，但往往事与愿违。

为什么"买书如山倒，读书如抽丝"？

为什么看到书的后半部分，会忘记前面讲了什么？

为什么看完一本书，却总结不出书中的重点？

为什么辛辛苦苦地做了很多笔记，道理都懂，却不会运用？

事实上，面对不同类型的书，阅读方法应该有所不同。比如，阅读强调"无用之用"的人文类书籍是为了陶冶情操、修身养性，讲究"慢工出细活"，而阅读工具类的专业书籍则强调掌握技能和提高学习效率。

5.4.1 避开低效阅读的坑

大多数人在读书过程中，遇到过买太多、读太慢、记不住、不会用等问题，这是因为"伪勤奋"的低效阅读阶段很难跨越。

据统计，在 Kindle 电子书阅读器中，很多人阅读专业书籍时只读了前 20 页，就"没有然后"了。

出现这种现象并不奇怪，因为对于不擅长阅读的人来说，看到 20 页左右，内心就会产生"受挫"的感觉，此时，放弃阅读是无奈之举。

在管理学中，有一个概念叫沉没成本，即过去在某件事情上的投入，已经成为不可收回的支出。遇到沉没成本时，不应该让沉没成本影响有关未来的决策。无效阅读与沉没成本类似，我们一定要提高警惕，不能将过多的时间、精力，消耗在边际效应过小的学习行为中。

很多人读书时，单位时间内的"阅读收益率"过低。

当这些人捧起一本新书时，经常会下意识地抱着一种"坚决不剧透，打死不跳页"的态度，从书的第一页翻起，从左往右、从上往下，一行挨着一行、一页接着一页地阅读。

这种阅读方式，容易让阅读者感觉自己在完成一项艰巨的任务，从而因为太过枯燥、难熬，越往后看，越想放弃。

实际上，读书本身不是目的，而是一个人自我增值的最好方式。读书，最好选择自己最感兴趣、最迫切获取的内容，沉浸式阅读更为轻松、高效。

在这样一个充满诱惑的数字化时代，保持高效阅读的习惯，拥有过人的知识储备，并把书中内容运用到工作和个人成长中，相当于掌握着跨时空和高手对话的技能。

高效阅读，既是拉开与他人差距的关键，也是取得职业成功的必胜法宝。

5.4.2　阅读的 4 种类型分别适合什么学习场景？

我从小喜欢读书，从小学四年级开始阅读大部头的名著小说，比如《封神演义》《西游记》等；初中时读了金庸、古龙、梁羽生等人的几百部武侠小说；高中时，逐步阅读《红与黑》《基督山伯爵》等诸多经典名著。

在长期的阅读过程中，我逐渐掌握了高效阅读的方法，这种高效阅读法让我此后的学习、工作受益匪浅。

工作后，我惊讶地发现，很多不擅长阅读的人，经常在工作岗位上遇到困难，想成为优秀的管理者时也很吃力。

这里边有什么科学道理吗？

有。这是因为，部分不擅长阅读的人在读书时，经常想要一字一句地死抠、诵读，由此把自己搞得筋疲力尽，慢慢失去阅读的兴趣；还有部分人，虽然看上去能够快速浏览文字，但很难抓住书中的精髓。

日本阅读能力专家渡边康弘从"用眼睛看"和"用大脑思考"两个维度入手，把阅读分为 4 种类型，如图 5-2 所示。

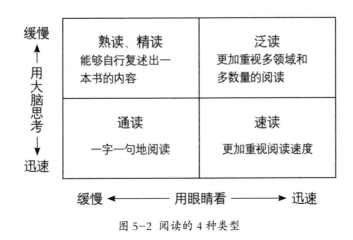

图 5-2 阅读的 4 种类型

通读，是学生在学校里学到的基本阅读方法。通读一般要求阅读者念出声来，或者在心里记住内容。这是一种要求"用眼睛缓慢地看"和"用大脑快速思考"同时进行的阅读方法。

速读，是为了提高阅读速度，仅大致浏览必要内容的阅读方法。速读的重点是用眼睛快速地看，与此同时，大脑要快速理解文字含义，是一种注重效率的阅读方法。

泛读，是一种追求阅读量的阅读方法。泛读要求阅读者阅读大量的书籍，对不同的书籍进行比较，以找到规律和不同之处。

熟读、精读，是通过缓慢、精确的阅读，把书中内容消化吸收为自身知识的阅读方法。为了充分吸收知识，熟读、精读要求阅读者在理解书中内容的前提下，用自己的话把内容精髓说出来、写出来，以便于融入自己的知识体系。

为什么有很多人，会在高效阅读方面遇到麻烦呢？

这是因为他们工作后，依然习惯于使用在学校学习的方法，希望把书中的内容快速吸收为自身的知识和技能。

实际上，这不符合知识和技能的学习规律。

有价值的高效阅读法要求大家先通过速读、泛读，找到一本书中的核心观点和内容，并判断这本书是否适合自己阅读与学习，是否能够帮助自己解决工作中遇到的难题，再酌情进入精读和熟读阶段。

5.4.3　高效阅读的 4 个步骤

既然阅读如此重要，那么，怎样做到效率与质量兼顾呢？接下来与大家分享高效阅读的 4 个步骤。

第一步，快速浏览一本书的主题框架。

拿到一本书之后，立刻快速了解这本书的主题框架，包括作者的写作目的、写作背景等。这有利于对整本书进行大体判断，更清晰地辨别它是不是值得阅读，以及书中哪些内容需要着重去阅读等。

这就好比拼一幅由几千块碎片组成的拼图，我们不能随便捡起一块拼图就动手拼，而是要先搞清楚这个拼图的完成图究竟是唯美俊俏的肖像画，还是开满鲜花的风景画。

先对拼图有整体感知，再从碎片群中找出四个角、四边线的碎片，估计不同图形部分的大概位置，依次拼出完整的四条边，给整幅拼图搭出框架，最后填充细节，才是正确的拼图顺序。

具体到阅读书籍中，就是先花几分钟时间，看作者简介、前言和目录。前言里会有重点内容介绍，目录中有一级、二级、三级标题，都能帮阅读者快速了解书的重点内容。

第二步，带着问题快速阅读，大大提高读书效率。

对一本书有了整体了解后，可以列出 3~5 个感兴趣的重点问题，带着问题去书中寻找答案。这样做，阅读始终与阅读者的问题相关联，阅读者能够在不知不觉中记忆有用的信息，大大提高知识的吸收效率。

快速阅读，不是要求阅读者仔细审视每个字，而是要求阅读者聚焦关键信息，直接跳过或忽略不重要的辅助信息，有效提炼关键知识点，去重点理解、思考和记忆。

第三步，专注于重点内容，吸收高质量的养分。

对于在第二步中提炼出的重点内容，需要细读、精读、反复熟读。与此同时，要针对书中的核心观点和关键词，做好标记和读书笔记。

这个阶段不再追求速度，而是追求理解和领会。而且，这个阶段不限制时间，想读多久就读多久，特别是对于每读一次都会有新启发的经典内容，可以无限制地反复阅读和思考。

第四步，善用费曼学习法，以输出促进进一步理解吸收。

读完一本书后，可以用输出倒逼输入，不断强化自己对知识的理解。这是将知识"内化于心、外化于行"的过程，也是验证自己是否真正学懂、学通的重要方法。

输出知识的方式，主要是记笔记、口述给他人听、自我提问复述3种。这3种方法，上文已经详加阐述，此处不再赘述。

5.5 价值复盘法：
追求学习中的复利效应

史蒂夫·乔布斯经历人生起伏后，曾有这样的人生感悟——过去人生的每一段经历都是断了线的珍珠，在未来的某一天，当你找到了那根线，就能把它们串成美丽的项链。

换句话说，你所拥有的能力，都隐藏在你的经历中。每一段经历，都像你人生的拼图，值得你在任何时间、任何地点，把它们拿出来重新梳理，进行归档，并用于完善自己。

比如，参加会议后，你可以复盘会议中自己的表现；参加商务谈判后，你可以总结谈判中自己的不足。所有这些，都是为了以后在类似场合中做得更好。

一定要注意，复盘不是简单的回顾。复盘，需要深入分析，找到事物的本质和内在规律，以发现做事的关键和诀窍，带来长期的"复利效应"。

美国投资家查理·芒格如此总结他的成功之道："我这一辈子只做两件事：第一件事是去发现什么是有效的，然后持续去做；第二件事是寻找什么是无效的，然后坚决避免。"

在实践中获取经验，在经验基础上进行感悟、反思和创新，进而形成自己的改进模型和独特方法论，这才是快速成长者的成功之道。

5.5.1　什么是复盘？

复盘，因其在执行力、领导力和绩效改进等方面具有极大的优势，在国内外一些大公司中得到了广泛应用。比如谷歌、华为、阿里等企业，都在使用这种方法。

那么，到底什么是复盘？在中国文化里，"复盘"最早是个围棋术语。

在围棋领域，复盘指对弈双方下完一盘棋后，在棋盘上把对弈过程重新摆一遍，回顾、讨论刚才下得好和不好的地方，以便双方棋手从全局着眼，重新梳理对弈过程，找到更好的应对方法，提升棋艺。

美军于 20 世纪 70 年代引入了类似复盘的提高方法，被称为"行动后反思"（该方法的英文缩写为 AAR，对应单词为 After Action Review）。

行动后反思指在模拟训练或军事行动后，作战团队所组织的专业讨论和回顾会。行动后反思主要致力于以绩效表现为核心，总结目标行动中发生了什么、为什么发生，以及在后续行动中如何改进等知识图谱。

复盘，很容易跟"总结"混淆，两者主要有 3 个不同。

第一，复盘主要是为了个人和团队学习，而总结主要是为了工作汇报；第二，相较于总结，复盘更需要结构化的逻辑和流程；第三，复盘，主要为了促进个人或团队的后续绩效改进，不应被作为一种考核手段。

5.5.2　价值复盘法的 5 个步骤

过去十多年，我通过深入研究和实践应用，总结出了被我称为"价值复盘法"的 5 个步骤，现在分享给大家。

价值复盘法，主要有如下 5 个步骤。

第一步：遇到问题先问是不是。

第二步：追问为什么。

第三步：针对核心问题，探讨触及本质的解决方法。

第四步：找到核心干系人并确认对方的需求。

第五步：创造不可替代的价值。

为了避免大家"看会了，但知识不进脑或不知道应该怎么用"，下面我通过一个案例，讲解"价值复盘法"的实际使用方法。

曾有一名学员问我一个问题："在工作中，只会干活的'老黄牛'是不是容易吃亏，晋升机会也少？"

我们应该如何使用价值复盘法，对这个问题进行复盘分析呢？

第一步，遇到问题先问是不是。

我把这名学员的问题置于他的工作场景中，进行回顾和讨论。

我问他："你认为自己属于'老黄牛'吗？"他回答说"是的"，然后具体说明了自己的处境。

我分析说，"老黄牛"分两种，第一种"只知低头干活，不知抬头看路"，第二种兢兢业业的同时足够积极主动，能掌握快速成长的规律。很明显，总是得不到晋升的人，属于第一种，多数有 3 个特征。

第一，缺少远见，每天兢兢业业、任劳任怨，但只能看到眼前的事情；

第二，不知道自己的"核心干系人"是谁，不知道他们希望自己做什么事，不思考自己能为他们带来什么价值；

第三，容易被别人当作"工具人"。

他说："张老师，这 3 个特征我好像都有一点。我不想再这么默默无闻下去了，要改变现状，应该怎么做？"

第二步，追问为什么，明确第一种"老黄牛"得不到晋升的原因。

第一种"老黄牛"常沦为"工具人"背后的原因是什么？

是很多人只知道自己在为一个企业或组织工作，不知道从本质上看，要为一个或几个"核心干系人"工作。

这里的所谓核心干系人，可能是直属领导、直属领导的领导、大老板、重要客户或合作者，也可能是一个同事，或某个没有上下级关系的"职场导师"。

明确核心干系人，不是为了在企业中搞小圈子，而是为了把企业的整体战略目标分解和具化到部门领导，或重要客户身上。

只有站在领导的高度思考自己的工作方向、只有从核心客户或合作者的角度出发分析工作流程，换句话说，只有把目光聚焦在核心干系人身上，才能为部门和企业创造真正重要的价值，才能在企业价值链和晋升体系中脱颖而出。

第三步，针对核心问题，探讨触及本质的解决方法。

很多时候，我们面对的问题看似是"真问题"，实际上是"假问题"。什么是真问题？真问题是隐藏在表面问题背后的触及本质的根本障碍。

针对"职场老黄牛"这个话题，真问题是什么？

是想成为快速成长者，应该具备哪些基本特征。

快速成长者的基本特征，是能从下述 3 个角度出发思考问题。

第一，我的工作，能够为核心干系人创造什么价值？

第二，我的工作，能够为自己创造什么价值？

第三，我的工作，能够为自己和核心干系人的关系创造什么价值？

这才是所谓的"职场老黄牛"真正需要面对和思考的本质问题。

正所谓"既要低头干活，又要抬头看路"，抬头看的是什么路呢？就是上面这 3 个问题所指向的基本行进方向。

第四步，找到核心干系人并确认对方的需求。

职场中晋升最快或最容易成功的人，经常有一个共同的特点：死磕一件事，或跟对一个人。

死磕一件事，是要在某种技能上精耕细作，成为真正的专家；

跟对一个人，是要展现你的真诚和优势，跟"贵人"建立亲密互动，营造关键的深度社交关系。

对于职场社交关系来说，"只有数量，没有质量"是大忌，走量不走心的撒网式社交更不可取。只有关键性的人际关系，能给职业生涯带来重大改变。

工作中，如果能经常站在直接上级，甚至高两级的领导的高度，或者从核心客户的角度，去思考所面对的问题和障碍，大家会发现自己的事业、人生，以及思考问题的视野、格局会完全不一样。

第五步，创造不可替代的价值。

快速成长和快速晋升者，都很擅长创造不可替代的价值。

不可替代的价值，一般具有如下 3 个特征。

第一，它应该是公司决策层和核心干系人认为有价值的事情。所以，大家要经常有意识地跟领导和核心客户讨论、明确工作重点，并且做到定期沟通和适时更新。

第二，大家要把工作重点放在值得长期规划的事项中，而不仅仅忙碌于上级指派的短期任务、琐碎任务，更不要忙于处理各种突发事件。

第三，最重要的是，一定要明白任劳任怨不是终极追求，量化目标成果并确保工作过程可视化才有真正重要的意义。这也是大家创造不可替代的价值的基本工作方法。

希望价值复盘法的 5 个步骤，能够帮助大家把今天的高峰表现，变成明天的认知常量和基础能力。

06
CHAPTER

第6章

快速晋升：
可视化你的价值，打造个人品牌

职场如战场，努力工作的人，都期待自己可以脱颖而出，早日获得晋升。

但现实中，有些人在工作中拼搏到感动自己，却始终被领导遗忘在角落；有些人步入中年终于获得了晋升，却发现没有了太大的发展空间；还有些人工作不久就被快速提拔、委以重任，远远地走在了同龄人的前面。

为什么人们的晋升速度差别这么大？应该怎么做才能快速晋升，并打造出具有影响力的个人品牌呢？本章详细讲解。

6.1 反射性最佳自我：展现易获晋升的特质

6.1.1　快速晋升者与常人有何不同？

抛开家庭背景、运气等不可控因素，晋升慢的主观原因，在于很多人没有真正明确职场中的哪些特质让"幸运儿"们更容易获得青睐。

下面来看一个实际案例。

一个叫李嘉航的年轻人，硕士毕业后进入了目前供职的互联网公司，至今已有5年时间，目前的职位是所在事业部的运营总经理。

5年中，他比同时入职的几位小伙伴至少多获得过两次晋升机会，这导致有些同事私下议论纷纷，说他一定是因为有特殊背景，才获得了领导的照顾。

我是这家互联网公司的管理顾问，有一次，聊起这个话题时，李嘉航摇摇头，苦笑了起来，说："这也太可笑了，我哪有什么特殊背景。要说我晋升快的原因，除了用心工作、业绩出色，还有一些细节。我很难一下子说清楚，还是给您举一个例子吧。

"比如，进入公司后，每周五下班前，我都会主动给领导发一封邮件，递交我本周的工作总结报告。

"跟一般人不同，在这份工作总结报告中，我除了会简要归纳本周的个人工作进展，还会列举部门工作中的重点、难点，并从一线角度出发，为领导提供一些分析和建议。

"这看起来是个不起眼的细节，但日积月累，领导很容易察觉到我的责任心，和我的点滴进步。"

李嘉航的话给了我很多启发。在紧张忙碌的职场中，我们的付出和贡献很容易被淹没在纷杂的日常工作中，领导很难逐一关注到每一个下属的价值。这时候，打造鲜明的个人品牌，让领导看到自己的晋升潜力就显得至关重要。

从这个角度出发，正确地展示自己身上的成功潜质，对于快速晋升来说，有很大的影响作用。

6.1.2 让自己"被看到"

"个人成长"研究专家理查德·泰普勒认为，在工作中脱颖而出的最佳策略，是跳脱出日常琐事，把工作做得极为出色，此外，要学会让自己的工作引人关注，假如每天都沉溺于琐碎工作，干得再多也无助益。

每个人都拥有独特的优势，比如，有的人擅长人际沟通，有的人擅长数据整理，有的人天生具有组织团队活动的天赋。

那么，如何利用自己的独特优势，来帮助自己在工作中获得佳绩呢？

麻省理工学院领导力中心首席执行教练罗布·萨拉菲亚认为，只有当你最好的一面被看到、被认可并产生价值的时候，你才能实现最佳的真实自我。

在心理学中，"真实自我"和"理想自我"是用来描述人格的术语。

"真实自我"，即我实际上是谁，我的想法、感觉、外表和行为是什么；而"理想自我"，是我想要成为的人，是我根据自己的经验，逐渐塑造出的理想化形象。

根据心理学中的反射性最佳自我理论，只有你既了解自己的优势技能，又意识到自己被他人欣赏的形象是什么样子时，你才能逐渐形成"反射性最佳自我"。

"反射性最佳自我"这个概念为我们搭建了一条通往卓越的路，这条路先指引你设想一个最好的自我，再根据这一愿景，将可能变为现实。

所以，要想在职场中脱颖而出，就不能一个人躲在角落，只埋头于具体工作。我们要确保自己的工作方向与团队的目标、领导的期望一致，要确保在个人绩效出色的基础上，让领导看见我们的潜能和追求。

那么，表现出哪些潜质，才更容易获得晋升呢？

6.1.3　展现你的责任感

松下电器的创始人松下幸之助曾这样描述工作和晋升的关系："工作就是不断发现问题、分析问题、解决问题的过程，晋升之门，将永远为那些愿意随时解决问题的人敞开。"

愿意随时解决问题，其实是在强调一个人的价值和责任感。曾有一项研究表明，在具有积极文化的企业里，进步最快的年轻人的核心特质不是聪明、学历高，或者愿意加班，而是具有责任感。

到底什么是责任感呢？为了便于理解，我们来看一个案例。

一个叫丁家齐的人在一个大企业中工作了 4 年就晋升为部门总监，而他的下属小田已经在这个部门工作了 10 年，还是普通员工。对于丁家齐的晋升，小田感觉很不服气，跑到老板面前去告状。

老板没有多说什么，只是平静地给小田分配任务："下周有一个重要客户来公司考察，你联系一下对方，问问他什么时候过来。"

小田接到任务后，马上与对方电话联系，并很快回来汇报，说对方下周二过来。老板追问对方来几个人、几点到达等问题，小田却一无所知。小田很委屈地说："您交代任务时，没让我打听这些啊。"

老板无奈地摇了摇头，派人把丁家齐叫过来。当着小田的面，老板安排丁家齐重新与客户联系一遍。

丁家齐接到任务后，也是马上去打电话联系对方，片刻之后回来向老板汇报道："客户一行四人，下周二乘坐××××次航班于晚上八点半抵达北京，他们计划在北京待 3 天。我与对方说好了，会派车去机场接他们。如果您同意，我稍后就在公司附近给他们预订酒店。"

小田听了丁家齐的汇报，心服口服。

所以，责任感是什么呢？

职场中的责任感，是从团队整体的角度出发，站在领导的位置上去观察全局和系统思考，拿出创新的行动方案，并确保方案能够很好地被执行。

6.1.4　打造不可替代的价值

当今社会是专家型社会，真正的专家都有自己的绝活儿。

无论是学习还是工作，大家都应该先在一个知识领域做到极致，成为这个领域的真正专家，再向其他领域扩展。只有打造出独特的"T"形知识结构，并持续更新自己的知识，才具有不可替代的价值。

数字化时代，最需要有"T"形知识结构的人才。先把"T"的"一竖"（核心专业技能）写好，再补充广泛的其他领域知识，把那"一横"写好，才能最终写出健康的"T"形结构。

让自己"被看到"，展现责任感，并打造不可替代的价值，这就是职场中快速晋升者的基本特质，你理解了吗？

6.2 | 工作价值可视化：让你的工作"看得见"

升职加薪，不仅关系着大家的生活质量，更体现着大家的职场价值。面对升职加薪的诱惑，多数人的态度却如"暗恋"一般，内心百般期待，实际裹足不前，不敢向领导提出晋升申请。

究其原因，大部分人是担心提出升职加薪的申请后若未被批准，会处境尴尬，进而影响正常工作，甚至悲惨离场。

个人职业发展咨询师曼迪·霍尔盖特认为，很多人心中有隐藏的恐惧，让其不敢表现出最好的自己，导致无法展现自我、超越自我。

因此，我们应该了解一下那些快速成长者是如何高效输出价值的。

6.2.1　进行具象的工作成果设计

现代管理学之父彼得·德鲁克有一个著名论断，即管理的本质是目标管理（也叫成果管理），只有创造出高价值成果的人，自身的组织价值会提升。

要想提高工作价值，对工作进行成果设计必不可少。在正式开始某项工作之前，必须把成果具象化，想明白"应该为公司和自己创造什么样的价值"，这一点至关重要。

假如你是公司的网络营销主管，接到了"设计、开发公司官方网站"这一任务，立刻要做的事情，应该是具象、准确地描述工作目标和内容。

具体来说，"让看到新官网的人对公司的产品感兴趣，并愿意来公司面试、工作"这个目标描述，就比"设计一个漂亮、时髦的官网，来展示公司形象"更有可操作性，也更容易减少与领导的沟通成本。

6.2.2　与领导就具体成果达成共识

考虑清楚工作的目标成果之后，需要与领导就具体成果达成共识。没有领导支持的工作，很容易竹篮打水一场空。

与领导沟通目标成果时，要善于使用概括法将自己的观点表达清楚。很多人的表达缺乏逻辑，沟通效率差，说话说不到点子上，原因在哪里呢？

来看一个实际案例。

部门经理王晓峰如此汇报工作："老板，很抱歉，我们部门的第二季度业绩不太理想，具体原因不太好说，可能跟市场有关系吧。下一步，我们会想各种办法来提升业绩，请老板放心。"

老板听完，立刻生气了。

老板为什么会生气呢？我们来看看王晓峰的汇报内容。

"部门的第二季度业绩不太理想"，到底是哪里不理想？不理想到什么程度呢？

"具体原因不太好说"，原因不太好说是什么意思？为什么全是客观原因呢？

"下一步，我们会想各种办法来提升业绩，请老板放心"，计划怎么改进业绩，达到什么效果呢？这些问题不说清楚，老板怎么可能放心呢？

请大家记住，向领导汇报、与领导沟通时一定要使用"观点 + 证据"公式。观点越深刻、越明确，证据越翔实、越具体，领导越能准确理解你的意思、明白你的处境。

6.2.3　让工作过程可视化

具体成果确定并与领导达成共识后，下一步应该如何提升工作效率和自身的价值感呢？

擅于创造价值、输出成果的人大多有一个共同特点，即能够有意识地让自己的工作可视化。

为了可视化自己的工作，在目标计划执行之初，要先学会将其分解为具体的工作流程，再为整个流程设定若干重要的里程碑（节点），最后列出每个阶段需要完成的作业清单。

大家可以选择把流程、节点和工作清单与领导同步，并在到达每个重要节点时，把工作成果展示给领导，同时询问他的指导意见。这样一来，不但工作会更富有条理，领导也会更了解具体的工作进展和阶段性成果。

6.2.4　展示价值以获得快速晋升

一个人的晋升速度和薪水高低，取决于这个人的未来价值被领导认可的程度。要知道，晋升、加薪，其本质是对一个人在未来一段时间可能创造的预期价值的激励。

谈晋升、谈加薪，其实是和领导进行的关于未来的一次"谈心"。那么，我们应该如何谈呢？

第一，强调贡献，展示价值。

平时，要有意识地记录工作成果，并在工作过程中让自己的价值可视化。跟领导交流时，要主动汇报自己为公司创造的可量化价值，让领导看到你的成绩和贡献。

比如，作为销售人员，相比于公司制定的业务指标，超额完成了多少？节约了多少成本？和他人相比，业绩排名是否突出？

用数据证明自己的价值，是晋升、加薪的底气。

第二，面向未来，做好规划。

谈晋升、加薪时，除了要强调过去的成绩，还要展示未来的价值。

领导大多是未来视角，着眼的是公司的未来，所以，正确地给领导"画饼"非常重要。

比如，主动讲清楚未来的工作规划，包括自己想专注于哪一部分业务，有什么

147

具体计划，该业务能给公司带来哪些贡献，创造什么价值等。

好的工作规划，能让领导意识到你有能力创造更大的价值，从而进一步提升你的价值感。

第三，找准提出晋升的时机。

"石油大王"约翰·洛克菲勒曾这样对儿子说："在机遇的世界里，并没有太多机会可以争取。如果你想成功，一定要掌握并保护好自己的机会，甚至要设法抢夺别人的机会。"

在职场上，除了要努力工作、创造价值，还要积极争取好的晋升、加薪时机。只有抓准时机，方可事半功倍。以下 3 个最佳时机，值得重视。

一是挑选工作表现优异的时期，及时提出晋升和加薪申请。

此时，领导对你印象最佳，且认可你的工作实力。这时候主动提出晋升、加薪请求，领导一般不会反感，经常会顺水推舟地给予晋升、加薪。

二是主导一个新项目或接手一个新团队后，在进展顺利时提出晋升和加薪申请。

晋升和加薪不仅是肯定过去，更是对未来给予期许。负责新项目、接手新团队、兼任多项工作等，都意味着要承担更多的责任，如果在此期间表现得很出色，一定会给领导留下深刻的印象。

三是在发现自己能独当一面，并且有信心去其他公司得到更高薪水时提出晋升和加薪申请。

对企业来说，晋升和加薪是留住人才的重要手段。如果对自己的能力、价值很有信心，并且对其他公司同等职位的职责、薪水很了解，有信心通过跳槽提升待遇，便可以向领导提出晋升和加薪申请。

6.3 | 打造个人品牌：
▶ 让领导为你的成长助力

有些人平时工作兢兢业业，有晋升机会时却总是被领导遗忘，原因在哪里呢？

抛开个人恩怨、利益纠纷等外因，有一个重要的内因经常被人们忽视，那就是很多人不懂得如何打造个人品牌。

6.3.1　不会打造个人品牌，成长举步维艰

2000 年后，我为各行各业的数百家企业提供过管理咨询和培训服务，与此同时，接触过数以万计的管理者和骨干员工。

在这个过程中，我发现，很多企业的产品、服务很优秀，但是难以做大做强；很多聪明的年轻人拥有出类拔萃的学历、知识和上进心，但是迷失在具体工作的泥潭中，找不到脱颖而出的机会。

一般公司和"独角兽"公司之间、成功者和一般人之间，当真存在着如高山深壑一般的差距吗？

其实并没有！

多数难以出头的企业，问题是没有掌握讲故事的方法，或者说品牌塑造的方法。

与此类似，很多无法快速晋升的员工，问题是个人品牌的塑造不够成功。

究其原因，这与个人的认知高度和做事方式息息相关。

关于企业品牌的打造，我将在本书最后一章介绍，本节主要讨论个人品牌的塑造问题。

在个人品牌塑造方面，人们经常犯如下两种错误。

第一种，不会把自己的核心技能转化成外显的、便于判断的个人定位和品牌标

签，这会导致其他人，包括领导，在对你进行评估时无法聚焦。长此以往，过去所做的工作和所取得的业绩，很难为自己的晋升提供助力。

第二种，不清楚个人品牌是怎么回事，导致在技能积累和职业发展的过程中，无法受益于知识的裂变效应，进而无法得到个人影响力的跃升。

前文多次提到，知识可以分为 4 个层次：事实知识（know-what）、原理知识（know-why）、技能知识（know-how）、人际知识（know-who）。从知识管理的角度来看，这 4 种知识从低到高，分别居于第一、二、三、四个层次。大家要让自己的知识不断向更高的层次进化，比如将事实知识、原理知识转化为技能知识，将技能知识转化为人际知识，才有机会打开快速晋升的推进器。

个人品牌的打造，本质上是让自己的技能知识不断向具有影响力的人际知识转化，获得质变。

6.3.2　讲述品牌故事的通用公式

会讲故事的人、懂得打造个人品牌的人，在很多领域占据优势。"故事品牌"CEO 唐纳德·米勒搭建了"SB7 品牌叙事框架"，被广泛使用，如图 6-1 所示。

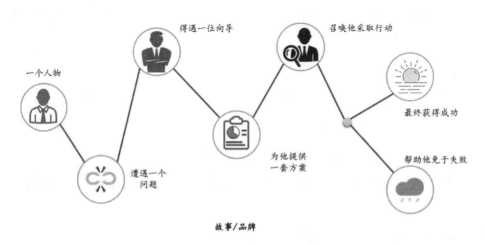

图 6-1 SB7 品牌叙事框架

故事的作用，不仅表现在文学作品中。现实中，很多科学家、英雄人物的价值是依附故事传播的。

张衡、蔡伦、李时珍、袁隆平、任正非、钟南山……都是从古至今为大众所熟悉的传奇人物，围绕着他们，最为人津津乐道的，是那些人尽皆知的故事、传说。

那么，这些传奇故事是如何吸引大众的目光，让大家铭记于心的呢？

这些现实人物的故事，和《西游记》《哈利·波特》等广受欢迎的文学作品具有类似的结构和传播特点。

一言以蔽之，我们所喜闻乐见的每一个故事，几乎有类似的剧本，如下所示。

一个想要实现某个梦想的人物，在追梦过程中遇到了一个难题。在几近绝望的时刻，一位导师或向导步入他的生活，提供了一套方案，并从精神上召唤他采取行动，这场行动最终帮他取得了成功。

在如图 6-1 所示的品牌叙事框架里，7 个基本情节点就像音乐和弦一样，可以创造出变化无穷的叙事表达。

那么，优秀的职场人，应该如何使用上述叙事框架塑造和传播个人品牌呢？

6.3.3　不要羞于传播个人品牌故事

在对不同领域的企业家、成功者进行研究时，我惊讶地发现，这些所谓的成功人士最重要的特质，竟然是强烈的"自我营销"思维，和对稀缺资源"死缠烂打"的能力。

自我营销，就是通过有意识的规划，打造个人的品牌身份，提高个人的价值定位，并通过人际关系或市场体系，把自己的影响力放大。

通俗点说，很多企业家、成功者，是靠大胆的自我营销，甚至是"吹牛""画饼"，来获得资源支持的，先有资源支持，再把资源支持转化为经营成果。

你是不是感觉有些荒唐呢？

不妨来看看"创新理论"和"商业史研究"的奠基人约瑟夫·熊彼特对于企业家精神的解读：企业家精神的本质是"创造性的破坏"，即在信息不充分的条件下打破旧的规则和习惯，并善于说服人们，带动社会资源跟着自己的计划走，从而抓住机会、实现目标。

通俗地讲，"企业家精神"就是不局限于手中的资源，一定要想方设法实现目标。

大家看，这个定义跟"自我营销"几乎是一个意思。

6.3.4 要善于在工作中传递个人价值

上文谈到，适度"吹牛"，能提升自己的工作价值，但要注意，吹过的牛，就算"流着泪"，也要把它实现；万一没实现，也要八九不离十。如果总是过分吹牛，会影响自己的信誉。

那么，应该怎样表达，才能适当地突出个人价值呢？下面，我用SB7品牌叙事框架来详细拆解一个典型汇报案例。

老板，这几年，公司的客户管理系统一直很好用，但上个月突然有几个销售大单没能签下来。（故事背景）

大家快要急死了，以为是系统出了问题。（问题所在）

后来我发现系统没问题，是跨部门工作流程出了问题，这下子可就严重了。（关键人物，关键冲突点）

我想起了您以前关于流程管理的讲话（导师出场），马上着手梳理各部门的分工和配合机制，优化客户服务关键节点和流程。（解决方法）

结果，本月销售签单率比上个月提升了20%，我一下子放心了。（美好结果，具备故事传播的传奇性）

这一工作汇报，把故事背景、问题所在、关键人物、关键冲突点、导师指导、解决方法和美好结果都讲了出来，极大地突出了汇报者的个人价值。

6.3.5　让领导参与你的成长故事

我在很多企业开展调研、培训、咨询工作时，发现几乎每个企业都有几个明星高管，或众望所归的明日之星。

这些已经占据核心管理位置的高管或刚刚崭露头角的年轻人，身上似乎都有耀眼的光环或必然成功的标签，这些光环、标签，也许来自过去的优异表现，也许来自某种潜在的成功者特质。

深入了解后，我发现，大多数情况下，他们都受到了高层领导有意或无意的支持和助推，甚至在领导的推动下，他们在某些时刻的出色表现，已经成为全体员工津津乐道的故事，成为企业文化系统的一部分，而这些领导支持和故事传说，反过来进一步强化了他们自身的成功特质。

由此可见，让领导参与你的成长故事，会让你更容易获得晋升。

6.4 正确邀功：
避免成为"职场透明人"

6.4.1 你是做职场"老黄牛"，还是怕枪打"出头鸟"？

一名 MBA 学员柳馨月曾经约我咨询，说有件事让她特别懊恼。

因为要赶项目，他们部门加班加点地赶工了一个月。柳馨月天天加班，废寝忘食地写方案，遇到问题总是尽力自己想办法，不给领导添麻烦，默默地把该干的、不该干的工作都干了。

而跟她一起入职的同事陈晓彤，每次加班必发一张朋友圈自拍，并配一句文案，比如"又感受了凌晨 1 点的帝都，晚安""继续为梦想奋斗，加油"等。除此之外，陈晓彤总是一遇到问题就去找领导汇报，请示领导的意见。

项目完工后，领导很快提拔陈晓彤为部门主管，对此，柳馨月非常不服气。

明明活儿是大家一起干的，凭什么给她升职加薪？明明她的付出没我多，功劳没我大，能力没我强，凭什么她当主管？就因为她是会拍马屁的"邀功精"吗？

听完柳馨月的抱怨，我沉默良久。相信很多人与我一样，从小接受的家庭教育是"枪打出头鸟"，做事不要抢风头，正所谓"卷起袖子加油干，俯首甘为孺子牛"。

我们相信，只要踏实地努力工作，辛苦做出的成绩终将被领导"看到"。在这样的理念引导下，很多人变成了任劳任怨，却默默无闻的"透明人"。

现实中的职场生存之道，当真是这样吗？像"老黄牛"一样老老实实、默默地干活，领导一定能看到吗？

换句话说，"邀功"是否有必要呢？

我认为，"正确地邀功"不但有必要，还是职场人的必备技能。

要知道，是否"会邀功""敢邀功"，以及付出能否被领导看到，很大程度上会决定一个人是否有足够的职场上升空间。

6.4.2　关于邀功的两个误区

第一个误区，是有些人片面地解读"邀功"这个词，产生了认知偏差。

看到"邀功"这个词，很多人的脑海中立刻出现如下场景。

公司开会，领导发言完毕，总是有人抢着第一个站起来，开口就歌功颂德。

部门团建活动，有人整场围着领导忙前忙后、溜须拍马，对其他人置之不理。

发工作邮件时，有人的抄送列表一大串，恨不得把公司里的所有领导都加上。

……

这种为出风头不管不顾的邀功、为晋升大献"投名状"的行为，其实是一种过度表现。这种片面的认知，让很多人曲解了"邀功"，对它产生了避讳之心，甚至是抵触之心，认为这是一种很低俗的行为，不屑于此。

其实，邀功并非贬义词，而是指对成绩进行客观展示，以争取获得相匹配的回报。

"邀"者，"要"也，是一种积极进取的工作态度；"功"者，"价值"也，是一种以结果为导向的工作方法。

在职场中，正确的邀功是正常行为，是每个人应有的权利，也是对自己辛苦付出的负责。

第二个误区，是有些人总是守株待兔、消极等待，寄希望于领导能主动看见自己的付出和杰出表现。

和我从小接受的教育一样，很多人骨子里倾向于"敏于行，讷于言"，崇尚"高调做事，低调做人"，会习惯性地埋头苦干，并且认为只要努力展现自己的才能，成绩一定能被领导看到。

实际上，多数领导的精力和时间是有限的，不可能对每个下属的工作都了如指掌。"俯首甘为孺子牛"的我们，有时哪怕付出了很多努力，也很难被他们看到。

正如现代体育产业奠基人马克·麦考梅克所说："在下属中，谁经常向我汇报工作，我会认为谁在努力工作；相反，谁不经常汇报工作，我就认为谁没有在努力工作。这也许不公正，但是你说，老板又能根据什么别的事情，来判断你是否在努力工作呢？"

所以，如果确实有突出的能力，或者为公司创造了价值，就要勇敢地展现自我，让领导看到自己的价值，从而获得应有的认可和奖励。

那么，应该怎样做，才能正确地"邀功"呢？

6.4.3　主动请示汇报，适度且正确地刷"存在感"

定期反馈、主动请示汇报等，是名正言顺的邀功行为，能为自己创造更多的升职加薪机会。

当然，正确邀功的前提，是自己有真材实料、工作成绩有目共睹。此外，邀功要选择合适的场合、合适的时机，向领导恰如其分地表达——既让领导看到自己的工作成果，又不会显得过于张扬或刻意。

邀功和汇报一样，要讲究技巧，简要介绍几条，供大家参考。

第一，结论先行、证据在后，即把结论放在最前面，并用证据来支撑结论，让领导明白你到底想讲什么。

第二，言简意赅。职位越高的人，注意力时间越短，所以话语务必简洁，争取在最短的时间内抓住领导的注意力。

第三，换位思考。要懂得让领导做选择题、判断题，要站在领导的立场提出可行的解决方案等。

6.4.4　既实事求是，又合理升华

有一个朋友曾对我抱怨，说在项目总结会上，主管领导进行汇报时，开口闭口

就是"我制订了 ×× 计划，我协调了 ×× 工作，我解决了 ×× 问题，我克服了 ×× 困难，我给公司创造了 ×× 价值……"

朋友非常气愤，说主管领导太不地道，同事们累死累活地干活儿，到头来功劳都是他一个人的，其他人都成了"相关人员"。

我相信大家隔着书页，都能感受到他的怨气。

所以，向领导汇报时，切记不可过度邀功，过分夸大个人的工作成果；也不可独揽功劳，把他人的工作成果说成是自己的，否则，很容易受到同事的唾弃。

正确的做法是既要实事求是地捍卫自己的工作成果，又要肯定团队其他成员的贡献，这样一来，一方面为自己树立积极的个人形象，让同事心服口服；另一方面增加领导的好感，让领导认为你是一个有团队意识、有格局的可用人才。

6.4.5　根据领导风格，确定邀功方式

在职场中，想要聪明地邀功，需要事先了解领导的工作风格和偏好，并依此确定采用怎样的邀功方式。

如果领导属于过程管控型领导，可能会事无巨细地对每一名员工的工作内容、功劳大小、付出多少进行了解，关注焦点一般在事情本身，期待下属有很强的工作能力，强调结果导向，喜欢用数据说话。此时，最好的邀功方式是尽力把本职工作做到极致，提高自己不可替代的价值，从而增强自己的核心竞争力，建立自己的"职场护城河"。

如果领导属于汇报反馈型领导，喜欢员工主动展示自我，而且强调人的作用，重心聚焦于人际关系，那么作为下属，要注意更加主动地进行汇报，把自己的功劳、苦劳都向上反馈，否则，你的贡献和付出很容易被领导忽视。

正确邀功的方法，大家掌握了吗？

6.5 | 隐性晋升：
获得影响他人的力量

"晋升"，相信在职场中，很少有人不关心这一话题。很多人拼命工作，是期望尽快获得职位晋升，从而不断攀登职业巅峰。

但在现实生活中，以下困境很常见。

管理岗位稀缺，且呈金字塔结构，即使付出了很多努力，也不一定能升职；有些员工单干时很出色，升职后业绩反而下滑，并不适合做管理者；还有些明星员工，虽然业绩出色，但因为更高的职位意味着更大的压力，所以不愿意升入正式的管理者岗位。

想取得更大的职业成就，除了职位晋升，没有其他职业上升通道可以选择吗？

当然不是！

6.5.1 隐性晋升的特点和价值

职位晋升，绝不是获得理想的职业成就的唯一道路。作为职场中的另一条出路，"隐性晋升"能让大家在承担低压力的同时，享受高收入并获得成就感。

隐性晋升，是指不担任某一职位，不拥有该职位赋予的正式权力，不需要承担正式职责，但能向领导和同事展示足够的个人价值，施加充分的影响力，并拿到与付出相匹配的薪资。

如图 6-2 所示，在企业的人才发展规划中，通过正式晋升通道不断晋升，最终成为高层管理者的员工，毕竟是少数。

对于大多数员工来讲，在研发、营销、生产等专业通道中，凭借自己的专业技能和影响力，成为业务专家和隐性晋升者，从而获得组织中受人尊重的地位和高薪酬，也是很棒的选择。

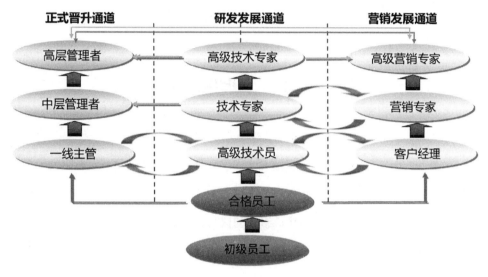

图 6-2　职场中不同的晋升通道

　　隐性晋升者的职位级别未必很高，但其专业水平和人际黏合度高，在团队中有很好的感召力和影响力，深得团队成员的依赖和信任，无论是领导做重要决策，还是同事在工作中遇到复杂问题，都愿意征询其意见。

　　所以，对隐性晋升者而言，职位是不是高层领导，头衔是"副总裁""总监"还是"经理"，没有那么重要。

6.5.2　实现隐性晋升的关键方法

如图 6-3 所示，根据重要性和稀缺性，企业中的人才可以分为 4 种类型。

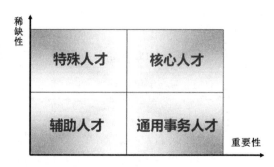

图 6-3 企业中的人才类型

在图 6-3 中，象限左下角的辅助人才，稀缺性和重要性都较低；象限右下角的通用事务人才，重要性较高，但稀缺性较低；象限左上角的特殊人才，具有某些稀缺才能，但对于企业来说，并不构成组织的核心竞争要素。

象限右上角，是既重要又稀缺的核心人才，属于企业的核心资产，隐性晋升者无疑在此列。

与此同时，隐性晋升者往往有出色的业绩，是对组织有价值的贡献者，所以，企业领导大多喜欢这样的员工。

针对这类员工，企业往往会设计较宽的薪资带宽，按照其职级对应的薪资上限，甚至超出职级限额支付工资。有时候，这一类型员工的薪酬，甚至有可能高于他的直属领导。

通过隐性晋升获得职业成就是一个很好的选择，因为既不需要承担领导压力，又能享受丰厚的待遇。

不过，实现隐性晋升并非易事，需要在以下 3 个方面取得优势。

6.5.3 释放潜能，提升个人影响力

个人影响力，指释放个人潜能并调动他人积极性的能力，主要体现为拥有专业知识和在人际关系方面成为专家、权威。提升个人影响力，就是丰富自己拥有的稀缺知识，完善自己的重要人际网络。

比如，热门美剧《金牌律师》中的顶级助理律师 Donna 就是一个个人影响力极强的典型。

相比于那些桀骜不驯、看似无所不能的大牌个性律师，Donna 掌握的信息最多，也最能帮到大家。

Donna 非常有亲和力，身边的人都愿意靠近她，和她交谈。通过有技巧地和跨部门、跨行业的人交流，Donna 掌握了许多重要信息。

当某项需要多部门或多人合作完成的重要任务卡在中途无法继续推进时，Donna 总能凭借个人影响力和所掌握的重要信息迅速解决问题，继续推动工作向前走。基于此，Donna 在律所内外备受尊重，并获得了一般律师难以企及的高薪。

所以，在业务开展的关键时刻展示杰出的个人影响力，能帮助大家成倍提升在企业的"隐性层级筛选系统"中获得成功的概率。

6.5.4　持续学习，证明自己的个人价值

身为职场人，不要把自己当作企业的"唯一"，而是要明白，任何人都只是企业的"之一"。要想在职场中不被淘汰，就要在专业领域深耕细作，磨炼出超过一般人的专业技能，把自己培养成专家型人才，做出比别人更大的贡献。

掌握核心技能，做自己最擅长的事，是一种让人羡慕的状态。但如果就此待在舒适区，躺在功劳簿上停止学习，很容易"生于忧患，死于安乐"，慢慢地落后于时代，并被组织所淘汰，尤其是在这样一个知识更新速度如此之快的数字化时代。

所以，要保持深度学习力，不断提升自身技能，持续激励自己进步。通过持续学习，不断为自己赋能，才能提高未来的竞争力。

6.5.5 工作可视化，保证自己的"能见度"

在职场中，拥有核心技能很重要，让别人看到自己的工作成果同样重要。要知道，那些善于工作和输出成果的人，大多有一个共同的特点，即能够有意识地让自己的工作可视化。

我曾有一个下属叫周琳，刚加入团队时，她就跟我说，她有一个比别人强的能力，即找资料特别厉害。

于是，产品开发和运营过程中需要参考大量案例时，我安排周琳帮忙找资料。周琳找资料或案例时，不仅又快又准，还经常主动与大家分享一些新奇的产品功能，所以，只要需要了解产品新功能，大家都第一时间主动找她。

凭借这一特长和出色表现，周琳不仅负责她原本就在负责的新媒体运营岗任务，还成为产品创新团队的核心成员，工资翻了不止一倍。

由此可见，勇敢且巧妙地"秀"出自己的核心技能，最大程度地提高职场"能见度"，能够在关键时刻让领导和同事想起你，帮助你脱颖而出。

07
CHAPTER

第7章

职业跃迁：
从业务专家向管理高手转型

对大多数职场人士来说，向管理岗位转型，是职业生涯中最具挑战性的转折之一。

DDI（美国智睿咨询有限公司旗下品牌）智睿人才研究数据显示，只有 1/3 的管理者，能有效应对转型所带来的挑战。

很多管理者，是从专业能力过硬、经验相对丰富的执行者中脱颖而出的，晋升后，他们常会遇到种种让他们束手无措的问题。

如果想从技术专家或业务专家向优秀管理者转型，需要在哪些方面做出改变呢？本章详细讲解。

7.1 | 角色转变：
晋升后如何取得超预期成功？

全球著名职业转型指导专家迈克尔·沃特金斯研究称，在职业生涯前半段，平均每个人要经历 13.5 次职业角色转换，大约每 1.3 年发生一次。

这种角色转换，可能是晋升为管理者，可能是跳槽到一家新公司，也可能是被领导安排负责新项目或开拓新业务。

无论职业角色发生何种转换，在履新后的半年内取得快速成功，是抓住机会，向更高职位进发的关键。

7.1.1 职位转换第一要务，尽快取得超预期成功

进入职业转换期，一定要在 3~6 个月内，取得超出领导预期的成功。这样，才有机会得到足够的信任，为引导工作进入长期的良性循环创造条件。

现实中，很多晋升者、入职者、新业务负责人没能在短期内取得亮眼的成绩，由此失去了获取更多资源、脱颖而出的机会，甚至在试用期内就被裁掉。

哈佛经典《管理你的上司》的作者之一约翰·加巴罗曾提出"管理者的动态模型"，来展示管理者在某个职位上应该进行变革的强度变化，我在该模型的基础上做了一些调整和优化，将优化结果命名为"职位生命周期模型"，如图 7-1 所示。

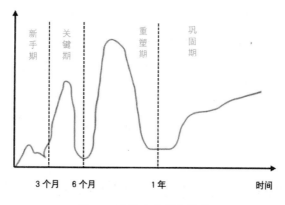

图 7-1　职位生命周期模型

　　一般，一个人在一个职位上工作 2~4 年，在此之后，他可能会被提拔、调整，或离开公司。这段时间，就是该职位的生命周期。

　　请记住，刚得到一个职位时，不要急于求成，要学会波浪式变革和进攻。如果在履职之初，即对领导、团队和组织文化还不够熟悉时，就大刀阔斧地进行高强度变革，试图毕其功于一役，失败的可能性会远高于平均值。

　　如图 7-1 所示，大家要明白，在履职的前 3 个月，我们处于一个职位的新手期。此时，一定要小心谨慎，选择领导在意的少数重点工作发力，取得初步的成功，这是度过试用期的安全之举。

　　与此同时，我们还要尝试了解身边的卜属和同事，分辨清楚谁是自己的支持者、谁是自己的反对者，以及谁是可能的中立者，以便在后续工作中建立起支持自己的人际网络。

　　此后，履职的第 3 至 6 个月，是我们在职位上的关键期。

　　在这一阶段，我们应该已经掌握了团队的重点目标及成功之道，并且建立了可靠的人际关系同盟。在这一阶段，一定要在关键工作上完成漂亮的一击，取得超出领导预期的出色成绩。

　　得到新职位后，能否在 6 个月内建立良好的势头，取得超出预期的第一波成功，基本上会决定一个人能否长期拥有这个职位。

　　因为只有证明自己胜任某职位，我们才有机会在职责范围内，进入该职位的重塑期和巩固期。进入重塑期后，我们可以火力全开，施加高强度的变革和文化重塑，让所管理的团队完全向我们期待的方向改变。

如果在前 6 个月内没有取得成功，那基本上意味着一个人"没有以后"了，等待我们的，不是解聘或换岗，就是表面上保留职位，但很难再得到重用。

那么，我们应该怎么做，才能够保证在履职早期获得成功呢？

7.1.2　选择少部分有成功希望的重点工作发力

在职位转换初期，人们最容易犯的错误，是为了展示自己能干，选择在太多的目标和工作上发力，这样做很难有好结果。

试想，在既不了解领导在意的重点工作是什么，也不知道同事们的工作风格如何，更是对团队文化中的禁忌一无所知的情况下，如何发力？分散力量，四处出击，怎么可能成功呢？

这时候，我们应该尽快去跟领导进行深入沟通，直接获取领导在意的重点工作的第一手信息，并且针对具象目标与领导达成共识。

有些人喜欢在履职早期选取最容易处理的事情去做，这在一定程度上是好事，能让自己不至于过于紧张，但这也容易影响领导、同事的判断，认为这个人缺乏足够的能力。

所以，我们选择的重点任务，应该是既对长期业务目标有益，又能在短期成功后不会失去重新起飞的动能的任务。

综上所述，在履职的新手期，最好关注领导在意的业务，选取那些"挂在树枝上，需要跳起来才能够得着"的重要目标，并就目标和实现路径与领导达成共识。

7.1.3　尽早确认支持力量和反对力量

晋升者的一个遗憾，是很容易与以前同级的同事的关系减弱，甚至有些以前亲密的同事，会成为领导工作的"绊脚石"。

这是因为，亲密的个人关系和管理者的督导职能是矛盾的，而且，晋升后带给身边人的压力是客观存在的。

对于空降到新公司的管理者来说，快速了解新同事对自己的真实看法，更是能否成功的重中之重。

在这个阶段，公开的沟通作用不大，我们应该进行多轮的一对一沟通，来了解团队中隐藏的如下关键信息。

团队成员是如何看待我们的；组织内部的真实影响力版图是什么样的；团队关键人物对我们的看法如何；团队中谁支持我们，谁反对我们，以及谁保持中立。

判断谁支持我们，谁反对我们并不容易。一般来说，那些跟我们拥有同样愿景的人、在我们来之前一直在默默地推动变革的人，还有团队中同样新来不久的成员，更有可能成为我们的盟友。而具有下面这些特征的人，更可能反对我们：满意现状、害怕改变的人，害怕不能胜任工作的人，可能会被我们威胁到权力的人。

7.1.4 建立支持力量，并聚焦于重点工作

为了建立起支持我们的人际网络，并尽快在团队内树立威信，我们需要做到以下几点。

第一，要求领导安排一个正式的介绍仪式。

这个过渡性质的正式仪式非常重要。领导当众介绍并转移团队管理的指挥棒，是我们后续顺利开展工作的基础。

第二，团结团队中的每一位同事，包括以前的好友。

如前所述，我们要私下与每一位同事进行一对一沟通。沟通时，要关注每个人的心理感受和利益诉求。

在适当的情况下，带着利他思维进行沟通，并承诺自己愿意帮助同事，是与大家建立信任关系的前提。

第三，在工作中巧妙地树立权威。

新入职或晋升的管理者，最好采用灵活、巧妙的方式来树立权威，有铺垫、循序渐进地展现决断力，不要一开始就板着脸大发雷霆，这会让别人很难接受。

比如，采用"先咨询，后决策"的方式，征求团队中关键人物的意见，化解可能存在的对立情绪。

第四，尽快把大家的关注重点拉到重要工作上来。

前面介绍了履职初期可能遇到的各种困难，归根结底，想取得长期成功，主要依靠出色的业绩。

因此，我们应该保持专注和灵活，在与同事们建立信任关系的同时，尽快把大家的关注重点拉到重点工作上来。

毕竟，创造不可替代的价值，才是适用于所有职位的成功之道。

7.2 委派工作：管理者应该如何授权？

7.2.1　委派工作的常见误区

有时候，我们把一件事委派给下属做，对方看起来很努力，可就是始终无法向前推进，甚至反反复复教了好几遍后，对方还是把事情搞砸了。

此时，部分管理者可能会忍不住训斥对方，比如"你是怎么做事情的？""事情怎么能弄成这个样子呢？"然后大手一挥，说："算了，放着我来吧。"

于是，这类管理者成了团队里最忙的那个人，就像一个救火队员，每天手忙脚乱地疲于奔命，不断撕扯着本就有限的精力。

这类管理者从前能轻松搞定业务、技术工作，没想到升职后有点扛不住了，因为很多时候是顶着管理者的头衔，干着执行者的工作，依然没逃离"个人贡献者"的状态。

其实，很多有经验的高级管理者，在委派工作时也存在误区。

有一次，我应邀去某公司进行管理培训，中午跟公司老板和几位管理者一起用餐。看到公司老板跟某下属的交流过程，我颇有感触。

老板对该下属说："下午两点有客户来公司参观，你负责接待。"下属听后，立即去执行。片刻后，因为下属没有及时反馈工作进展，老板便着急地打电话问："工作进行得怎么样？怎么这么长时间都没有消息？"

过了一会儿，下属进来请示问题，老板说："具体的事还需要我详细说一遍吗？你就不会动脑子想一想？"下属点点头，当真自己做了决定，结果工作出错了，老板暴跳如雷："我是让你这样做吗？我的意思是……"

在这种情况下，似乎下属怎么做都是错的。

那么，造成这些问题的根源在哪里呢？

究其原因，是管理者委派工作的方法出了问题。要想顺利授权、高效委派工作，管理者需要做到以下 4 点。

7.2.2　交代清楚工作目标，以避免误解和无效劳动

很多管理者，习惯于将时间用在"做事情"上面，不愿意花时间与下属沟通。有时候，管理者恨不得给一个眼神，下属就能读懂他想要表达的内容；给一句话，下属就能悟透背后几百句的言外之意，于是，他们总是很草率地把决策信息传递给下属去执行。

殊不知，以下属知悉的信息量、拥有的经验和认知能力，大概率无法通过一个表情、一句话明白管理者的意思，到头来，大家很可能白忙一场。

有这样一个买土豆的故事。

老板说："小李，你赶紧去买个土豆回来。"

小李跑到菜市场后，发愁了："老板想要一个什么样的土豆呢？对个头大小和品种有要求吗？"

犹豫再三，小李按自己的想法选了一个土豆。结果老板拿到土豆后很不高兴："我胳膊肿了，需要用皮薄肉脆的土豆消炎，你买的土豆皮厚肉沙，我怎么用？"

小李感到既委屈，又无语。

要知道，管理者有了安排工作这个动作，不代表下属明确了工作要求。

作为管理者，需要明白，安排工作，应该把工作内容讲清楚，让下属充分理解任务的完成标准、执行原则、优先级程度，以及交付标准，以便最大程度地减少不必要的麻烦和误解。

7.2.3　委派工作后让下属复述一遍，以确保对工作内容达成共识

管理者在安排工作时，往往基于自我认知和个人角度，认为自己已经表达得很到位了，下属应该都理解了。

但很多时候，管理者说得并不清楚，而下属因为担心给领导留下"笨"的印象，会硬着头皮假装听明白了。

这样安排工作，结果是理解有差异、行动有差异、结果有差异！

比如，管理者想的是"老虎"，下属理解成了"猫"；管理者传递的信息是"这样不行啊"，下属接收到的信息则是"你太厉害了"。

有经验的管理者，委派工作时不仅会努力给下属讲清楚工作目标，还会让下属重复一遍，以确认下属的理解和自己的想法完全一致，避免模棱两可和分歧争议，让目标从"一百个人心中的一百个哈姆雷特"变成共识。

管理者安排工作后，可以问下属两个问题，一是"你对这项工作是怎么理解的"，二是"你打算怎么做这件事"，并让下属套用"工作内容 + 行动计划 + 时间节点"公式，复述一遍。

在上述沟通过程中，如果发现了问题，双方可以再次沟通确认，如果没有发现问题，下属就可以去执行了。

要知道，比起让下属听完安排，动手就干，让对方确认一次工作内容更重要、更高效。而且"反复确认"这个动作，能推动下属对工作进行更加深入的思考。

7.2.4　说清楚方法和原因，以激发下属的责任感和积极性

很多管理者在安排工作、设立目标的时候，只讲怎么做，不讲为什么。

有一位领导，给下属安排了一个去德国考察的工作。过了几天，领导问工作进展如何，下属吃惊地说："啊？我正忙着赶其他项目的进度，以为这件事不重要，

还没来得及去想。"

领导交代完的事情没有下文，为什么？因为下属不知道为什么要做这件事，以及为什么要选他来做这件事。

管理者要明白，下属的责任感和积极性，很大程度上来源于"知情"。

所以，管理者不仅要给下属足够的信息，确保双方信息对称，还要对下属讲清楚工作的重要性，让下属明白，他能够在工作中得到成长。只有这样，下属才能带着更高的自主性投入工作，并创造更大的价值。

7.2.5　清晰界定工作职责，以提升团队的协同能力

讲一个案例。

有一位领导，向下属询问前一天的市场活动转化数据如何，下属表示一无所知，于是就有了下面的吐槽。

领导："现在的员工执行力真差劲！能力也不行！24 小时内就应该总结数据，现在都没总结出来。我每天花大量时间在这里，操心死了。"

下属："怎么什么数据都问我啊，什么都问我，我自己的活还干不干了？"

结果是领导抱怨下属不靠谱，下属认为领导不称职，矛盾就这样产生了。

矛盾产生的原因，是在领导的认知中，活动负责人的工作包括策划活动主题、联系嘉宾、活动落地、追踪数据和复盘优化；而在下属的认知中，活动负责人只需要负责活动策划、联系嘉宾和活动落地。

为什么对同一件事情的认知差别这么大呢？因为双方对权责内容的认识不统一，工作要求没有提清楚。

团队需要分工协作，而分工并不像很多人认为的那样，是自然产生的。管理者不但需要界定和设计岗位职责，还需要及时与下属就工作职责进行沟通，使团队中的每个人都清楚自己的工作职责。

7.3 ▌系统思考：
从技术到管理的思维转换

王时生性聪明，大学毕业后在一家公司从事技术工作。因为专业能力突出，他很快成为公司里的技术专家，大家遇到技术问题都会向他请教。

领导很赏识王时，没过两年，王时就被提拔为技术部门负责人。可晋升后没过几个月，王时的工作就陷入了困境。

面对庞杂的管理工作，王时毫无头绪，干脆眉毛胡子一把抓；下属不但完不成月度任务，还怨声载道，领导对王时很不满；面对抱怨，王时束手无策，不知道该如何处理。

原本自信的王时变得焦虑起来，每天早上醒来，他一想到工作中的烂摊子就感到头疼，甚至不想去上班，到了公司，也没有动力去解决问题。

王时越来越严重地怀疑和否定自己，几个月后，他选择了离职。

这种现象很常见，要知道，不是所有技术高手都适合做管理者，就算是具有管理潜力的技术人才，想快速转型也不容易。

在这个过程中，思维方式的转变，是从技术转型管理的最大挑战。

7.3.1　城门失火，殃及池鱼，背后有怎样的系统关联？

"城门失火，殃及池鱼"，对很多人来说，这个成语并不陌生，但成语背后的寓言故事，不少人并不熟悉。

话说春秋时期，有一天，宋国城门失火。离城门不远的池塘里，鱼都把头探出水面看热闹，七嘴八舌地嬉闹不停。

一条老泥鳅突兀地大叫起来："坏了，这下我们完蛋了！"

其他鱼闻之大骂："老家伙，胡说什么呢！跟我们有什么关系呀？"

老泥鳅叹了一口气，"吡溜"一声钻进了淤泥。

不一会儿，人们纷纷拿着水桶，来舀池塘的水去救火。等到火被浇灭时，池塘的水干了，有些鱼被人捡走了，大部分鱼因缺水而死。

寓言中的鱼只看到城门失火的现象，不懂得"火、水、鱼"之间是有联系的。

事实上，所有系统都由3个部分组成，分别是个体（或称为要素）、关联、目标（或称为功能），进行系统思考时，三者缺一不可。

通常来讲，个体要素变化对系统的影响最小，而关联和目标发生变化，常引起系统的巨大变化。

系统思维研究者史蒂文·舒斯特认为，系统思维的核心，是用以前从未用过的方法去看待问题，这意味着首先要从大局入手，然后深入发掘，最后从其组成部分彼此之间的关系角度来审视它们，系统思维是一种思考框架，有助于形成良好的思维习惯。

很多人面对问题时和寓言中的鱼一样，只看到"城门失火"，没想到人们即将用来灭火的东西是自己的生命之源——池水。眼中只有个体要素，看不到系统目标和要素之间的关联，是缺乏系统思维的典型表现。

工作中的高手，之所以能在不同的环境中表现出色，是因为理解了工作系统、管理系统的核心目标，并能够通过个体要素的创新组合与关联，输出高效的解决方案。

7.3.2　透过现象，看到本质，如何挖出事物背后的驱动因素？

1990年，国际慈善组织派一个叫杰里·斯特宁的专家去越南，帮助解决当地农村儿童营养不良的问题。

斯特宁考察后发现，当时的越南非常落后，连最基本的饮用水都供应不足，更别提卫生条件和教育条件了。

　　此前，有很多专家对越南农村的情况做过分析，认为儿童营养不良的"病根"就是一个字，"穷"。这些专家认为写一份调查报告完成任务即可，因为经济问题不解决，营养不良的问题不可能解决。

　　但是，斯特宁认为他们说的是"正确的废话"。斯特宁提出了一个关键问题："越南农村再苦再穷，不可能一个健康的孩子都没有吧？他们是怎么长大的？"

　　他把那些"家里很穷但身体非常健康"的孩子找出来，向他们的妈妈询问平时喂养孩子的方法。

　　调查发现，这些妈妈的喂养方法跟其他妈妈相比，主要有 3 点不同：第一，其他孩子每天跟大人一起吃两顿饭，而这些孩子每天吃四顿饭；第二，这些妈妈会主动喂孩子吃饭，而其他家庭是随孩子的性子，让孩子自己吃；第三，这些妈妈会把小虾、小螃蟹、红薯叶子等食材捣碎，拌在米饭里给孩子吃。

　　这些食材，尤其是红薯叶子，在越南很常见，但其他家长普遍认为红薯叶子是低等食物，不给孩子吃。

　　斯特宁先把这些方法加以总结，再请这些健康孩子的妈妈现身说法，最后进行培训普及。6 个月后，斯特宁大获成功，当地 65% 的孩子的营养不良问题得到了明显、持续的改善。

　　人们解决问题的思路，大多是先发现问题，再分析问题背后的根本原因，最后对症下药。其中最难的部分，是普通人经常囿于固定型思维，被负面细节充斥双眼，疲于抱怨现状，无法发现问题背后的根本原因。

　　面对复杂的系统问题时，只懂得寻找表面原因、思考个体要素，怎么可能从根源上解决问题呢？

　　当表象不足以用于解释原因时，就需要思考背后的本质驱动因素，比如斯特宁关注的问题："不可能一个健康的孩子都没有吧？他们是怎么长大的？"

　　总而言之，面对每一个事物，我们都要学会使用"扫描视角"，先在大脑中把目标事物"大卸八块"，把各种构成要素分门别类地归纳，再找到各种构成要素中被忽视或错误认知的部分，使用创新的方式对要素进行重新组合或者交叉创新关联，最后得出不同的解决方案。

这样，才能够彻底重构系统，从根源上解决本质问题。

"越南农村儿童营养不良"这个复杂的问题，不就是这样解决的吗？

7.3.3　菩萨畏因，凡夫畏果，如何用反馈回路打破惯性思维？

佛教中有这么一句话："菩萨畏因，凡夫畏果。"

这句话的意思是，普通人在意的是出了事情后的结果，而智者在意的，是引发事情的原因。

要知道，一个复杂的系统，一定存在不同要素的彼此关联。在彼此关联的关系中，有一种东西叫作"反馈回路"。

正是这些反馈回路，构成了复杂事物背后的本质原因，以及真实的运转机制。

比如，夫妻之间感情越深，亲密行为越多，而亲密行为多了，感情会更加深厚，这就形成了"正反馈回路"；如果夫妻之间原本感情很好，但一方总是因为各种小事找碴、吵架，等感情变淡了、发现不对了，再去哄对方开心，就形成了"负反馈回路"。

不管是正反馈回路，还是负反馈回路，都属于增强反馈，都能帮助夫妻感情处于稳定的状态。

除了增强反馈，美国麻省理工学院（MIT）斯隆管理学院资深教授彼得·圣吉还提出了调节反馈、延迟效应等系统思考方法。理解这些思维方式、思考方法，对日常生活、工作规划、团队管理等有重要的作用。

7.3.4　思考要系统，行动有焦点，从技术到管理应该如何转变思维？

技术或业务专家被提拔为管理者后，经常难以适应新的职位，原因在哪里？

这主要是技术或业务专家被提拔后，没有及时由技术思维、业务思维转变为管理思维所致。

要知道，技术人员一般是"点的思维"——只要把自己的"一亩三分地"干好就行了，不用过多考虑制定目标和计划、优化配置资源、处理人际关系等事情。

管理者则不同，管理者考虑问题，需要立体的系统思维，要求"思考要系统，行动有焦点"，即决策思路要系统，工作的分配和执行要聚焦，以便于操作。

下面来看一个实例。

老板交给设计经理柳若冰一个任务，让她的团队负责老干妈广告的设计工作，要求 3 天内（周二至周四）拿出广告方案，5 天后（周六）在平台投放。

柳若冰这样给下属安排工作："小红去了解老干妈的广告投放需求，小毛根据需求进行设计，确保周三下班前拿出方案初稿；设计初稿出来后，小花协调各部门，在一天内确定方案并交给老板审批；方案确定后，小红负责协调拍摄团队，在周五下班前拍摄完毕，保证周六顺利投放。大家注意，每个人都要及时向下游人员通报进度，并向上游人员追踪进展，工作交接过程中有任何问题，要第一时间跟我探讨。"

柳若冰的工作安排，有目标、有步骤、有责任人、有对接方、有时间节点、有成果要求，包含决策、授权与落实跟踪，既有系统思考，又便于执行落地！

包含多个维度并环环相扣，把一颗颗"珍珠"用一根"线"串起来，用整体的视角分析问题，这就是典型的系统思维。

管理者要有系统思维，即管理者要从工作的整体和重点出发，透过复杂的表面现象，快速提炼关键要素。

如果管理者不会抓重点，要么是自己像"无头苍蝇"一样瞎忙，要么是整个团队无法聚焦在核心问题上，导致自己焦头烂额，下属疲于奔波，出现"兵熊熊一个，将熊熊一窝"的糟糕局面。

7.4 心理转换：
如何自我激励和激励他人？

心理学家艾里丝·米勒研究发现，聪明且求知欲旺盛的孩子，往往会学着隐藏自己的感受和需求，以满足父母的期望，时间一长，他们会变得不了解自己的真实内心。

职场中的很多管理者有同样的感受，尤其是那些刚被提拔不久的新晋管理者，很容易陷入这种"心理泥潭"。

大多数管理者得到老板的赏识是因为能力出众、业绩突出，进而被提拔。令人惊讶的是，很多人晋升后，却一心想着自己怎么做才能保住地位，会把很大一部分真实自我隐藏起来，受挫于别人对自己的看法。

这种行为，其实会限制自己的优势发挥，阻碍自己的成长。要想真正破茧成蝶，成为优秀的管理者，最好在激励方式上做出转变。

7.4.1 不过于依赖他人评价，由追求被认可转向追求发挥才能

有个朋友，我们在这里称他为 A，给我讲过一件事。

几年前，A 因创新能力强，被老板破格提拔为总监。刚刚晋升的那段时间，A 非常在乎老板的评价和下属的认可。

为了站稳脚跟，尽快做出业绩证明自己，并展示自己的勤奋和尽职尽责，遇到事情，A 总是冲在最前面，什么事情都亲力亲为，努力营造"无所不能""我最厉害"的形象。

与此同时，A 又害怕犯错误会威胁到自己的位置，所以不敢承担挑战性的工作，

也抑制着自己的创新想法，全然忘记了"拥有创新精神"才是他被提拔的主要原因。

而且，A 总是担心被批评，害怕被嘲笑，在工作中出错时，他的第一反应不是立刻解决问题，而是担忧老板会怎么评价他、下属会怎么看他。

这种过度放大的期待，抑制了 A 个人优势和潜能的发挥，让他不再寻求突破和创新，最终变成了固定型思维的人。晋升，成了 A 成长路上的绊脚石。

美国斯坦福大学心理学教授卡罗尔·德韦克的研究表明，固定型思维的人会在"擅长"的领域勤奋努力、展露才华，同时回避他们"不擅长"的领域；而成长型思维的人，普遍认为通过努力与坚持不懈，任何人在任何领域都能取得进步和自我突破。

新晋管理者最好用成长型思维沉着应对挑战，不要怕犯错或难堪，更加专注于问题解决和成长的过程。

7.4.2　适度示弱，从追求完美转向依赖团队

有一位心理学家，做过一个有趣的对比研究。

拥挤的车流中，一个彪形大汉想横穿马路，愿意让路的司机不足 50%，事故率较高；而同样的场景中，一位老人准备横穿马路，几乎人人相让，事故率接近于 0。

人们习惯认为，工作、生活中，强者占据上风。管理实践中，大多数领导很强势，喜欢用"我说什么都对"的态度来显示自我权威，或者碍于面子，做事情喜欢逞强、死扛。

但实际上，很多时候，示强，反会处于弱势；示弱，反易得到尊重。缺乏经验的管理者最容易犯的错误，正是"对自己过于追求完美"。

要知道，一个人，永远不可能满足所有人的需求，只能满足部分人的需求。所以，大家可以用"二八法则"来平衡自己的心态，即在工作中，80% 做自己，20% 关注他人的看法。

我曾经看过一段话，大意如下。

每个痛苦的人心中都有两个自我，一个是不完美的自我，一个是完美的自我。不完美是人的本性，因而这个自我是真实的；完美背离了人的本性，因而这个自我是虚幻的。承认不完美，我们就能找回真实的自己，虽不完美，但完整。

很多管理者，总是想给自己打造一个完美、全能的人设，因此常端着高高在上、俗人勿近的姿态，就像一个没有七情六欲的、冷冰冰的机器人。这样的人，会给他人一种很不真实的距离感，很难与他人交心。如此一来，需要团队配合时，又怎么能指望他人的理解和在关键时刻的支持呢？

所以，不要太在意他人的看法和评价，要敢于承认自己的不足，并适度地向他人示弱。

示弱，不是退缩，而是要让他人看到，我也是一个有血有肉的人，我对自己的不足有着清晰的认知，并愿意借助他人的能力和资源，来完成团队协作。

管理者把姿态放低，不但能拉近彼此之间的距离，激发下属和团队成员的自驱力，还能让每个人都感受到自我价值，形成合力，一起创造意想不到的业绩。

7.4.3　关注目标，转变为核心价值提供者

美国前总统罗纳德·威尔逊·里根曾这样概括领导者特征："一个好的领导者，不是成就自己的完美，而是成就他人的完美。"

管理者，应该是人才培养专家，因为被提拔带团队后，一个人强是没用的，团队强才是真的强。

注意，在成长过程中，管理者必须放弃一些过去所追求的、重视的，甚至是引以为傲的个人成就，学会激发团队潜力，从个人驱动业务变成团队驱动业务，追求"一加一大于二"的效果。

假如你是销售冠军，成为管理者后，就不应该留恋个人奖金；假如你是技术骨干，成为管理者后，就必须转变单打独斗的单线程思维。

管理者，需要给团队定目标，同时为团队描绘目标实现后的愿景和蓝图，让每

个人都鼓足干劲儿向前冲。

为了实现目标，管理者应该努力成为核心价值提供者，跳出自我实现和追求认可的单一思维。

在工作过程中，管理者应该明确以下 3 个目标导向，以便拥有团队管理的全局思维。

第一，这项工作会为自己创造什么价值？第二，这项工作会为老板或团队创造什么价值？第三，这项工作会为老板或团队与自己的关系创造什么价值？

切记，不要把他人的评价，作为衡量自己价值的唯一标准。

要知道，实现多方利益的共赢，最大限度地保障团队的目标实现和利益回报，才是作为管理者的真正价值所在。

7.4.4 不拘泥于自我满足，通过自我激励来激励他人

什么叫自我满足？

比如，几乎每一个人，都会满足于听到这样的话："这件事情做得特别漂亮，你好厉害！""你能谈下来这么大的客户，我太佩服你了！""你竟然得到苛刻的老板的表扬，真是太牛了！"

大多数管理者经历过普通员工阶段，是被激励着成长起来的。"逆水行舟，不进则退"，成为管理者后，缺乏自驱力是一件非常危险的事情。

比起无法激励他人，无法真正地激励自己，才是管理者面对的最大危机。

由此，现代管理学之父彼得·德鲁克多次强调，优秀管理者的本质，不是管理好别人，而是管理好自己。

企业的组织结构就像金字塔，站得越高，同伴越少；眼界越开阔，身边越寒冷。真正优秀的管理者，不是靠职位赋予的职权去压制别人，也不是用洗脑的手段管住别人，而是通过自我激励来激励他人，通过率先垂范和以身作则，强力地影响和感召他人。

综上所述，真正的管理，是从自身顿悟和升华开始的。前面介绍的 4 种艰难且痛苦的转变，是新晋管理者必经的心理进化之路，你做好心理准备了吗？

7.5 激发善意：顺应人性做管理

为什么做业务、技术工作时顺风顺水的优秀员工升职为管理者后，经常有点扛不住？很多时候，这源于下属在不断向上传递巨大压力。

但换一个角度，压力也是动力，管理者要把培养下属作为一项重要的本职工作，否则，就算浑身是"铁"，又能碾成多少颗好用的"钉"呢？

培养下属，管理者需要注意以下几个关键问题。

7.5.1　管理者要有勇气做积极的旁观者

前文讲过一个实例，即我刚参加工作时遇到一个领导，他安排我写一份很重要的方案，我每天都非常用心地写，甚至晚上回家后会加班熬夜写，用了一个多星期的时间，才写完初稿。

我把方案初稿提交给领导，领导提了一大堆意见，但就是只字不改。于是，我只得按照他的意见，修改后再发给他。一次又一次，我反复收到他提的很多意见。就这样，翻来覆去地修改了十几次，我电脑里的方案存档从 V1 排到 V19。

过程中，我一度崩溃到想把电脑扔掉，但幸运的是，我没有放弃，咬牙坚持了下来。终于，方案顺利通过评审，我获得了真正的成长。

这是什么道理呢？后来我才明白，工作让下属"崩溃"得越厉害，下属理解得越深刻，记得越牢，以后犯的错误才越少。

因此，作为管理者，请相信多数员工的潜力和能力，在他们被问题困扰时，不要急着一开始就把解决方法提出来，更不要代替他们做事，一定要学会适当放手，有勇气做一个"旁观者"，让他们有更多的机会冲在一线处理事情。

哪怕他们会在短期内绕弯子，甚至有可能把事情搞砸，但只要损失保持在可控范围内，管理者一定要"眼睁睁看着"，把自己忍不住伸出去的手缩回来，这才是对员工负责任的培养方式。

7.5.2 警惕"能者多劳"的坑，激励能干的下属并鞭策弱者

在很多企业中，专业能力强的人是少数，却是最累的。

为什么？因为大家习惯于"能者多劳"。

宾夕法尼亚大学沃顿商学院的一项调研显示，在绝大多数企业内部，团队成员的工作分配是不平衡的，最能干的 3%~5% 的员工，创造 20%~35% 的企业价值。

"能者多劳"这个词，本是对能干者的肯定和赞赏，但现在，它的味道渐渐地变了。如果没有良好的管理机制，很多时候，"能者多劳"不仅会影响企业的绩效，还会成为强者头上的紧箍儿。

如果管理者一味地鼓励"能者多劳"，不懂得珍惜"能者"的时间和精力，不能正确地确立工作边界，长期的繁重工作很可能让"能者"疲惫不堪，心生倦怠。

而且，时间久了，"弱者"不但会产生依赖和惰性，还会因为长期得不到重视而变得意志消沉，产生"我弱我有理，你强你就上"的消极心态。

"能者多劳"陷阱，本质上是企业对价值创造、价值评价和价值分配这一核心管理命题缺乏正确认知和有效应对所致。

优秀的管理者，要能通过在工作内容、成长机会、薪资奖励等方面进行引导，有效地开创"能者多劳，多劳多得"的管理局面；要能遵从"能力与岗位适配"的法则，发挥能干下属的能力；还要能在一些合适的机会来临时，对弱者委以重任并给予适当的激励，让弱者获得更快的成长。

如此管理，把团队成员培养成为不同方面的"能者"，进而建成"九牛爬坡、个个出力"的团队，指日可待。

7.5.3 抛开情绪，接纳人与人之间的差异

我们不喜欢一些人，排除那些对方做了违背公序良俗的事情的情况，很大程度上仅仅是因为对方和我们不同。

而这种不同，往往是我们仅从自己的视角出发去看一件事、一个人导致的。

你是一个重视效率的人，但一些同事习惯拖延，你很可能会责怪对方怎么能这样做事，拖你的后腿。

解决某个问题时，有 A 和 B 两个方案，你反驳方案 B 的理由，可能仅仅是它的底层逻辑和你所秉承的理念不一样。

你的着装风格偏时尚、职业，新来了一个同事，着装朴素且休闲，你很可能会因此怀疑他的职业性。

……

受制于自身的经历、成长环境和认知水平，人的价值观各不相同，所以在待人接物、处事方式等方面，也各有不同。

要明白，与他人积极相处的诀窍是"思维不同，不必强融；接纳差别，求同存异"。

也就是说，应该摒弃"一对一错"的执念，兼容不同的观点和不同的人，尝试站在对方的角度，去理解对方的选择、价值观和逻辑。

注意，包容和尊重对方的观点，并不代表认为对方是完全正确的。

真正优秀的管理者，能够承认并且接受多样性，在彼此的不合之外找到共通之处，既能和喜欢的人相处，也能和厌恶的人共事。

而且，真正优秀的管理者大多有自我进化的能力，会努力摒弃自己的视角偏差，不断提升自己的认知水平，努力做到向上成长和向下兼容。

7.5.4　塑造"不完美"团队文化，让下属敢于试错

"不完美"是一种客观存在，作为管理者，接受团队成员的不完美，是一种修炼，也是一种格局。

更重要的是，管理者要努力打造接受"不完美"的团队文化，因为这种团队文化能让每一名团队成员都拥有安全感，不怕犯错，大胆地展示自己的长处和不足，从而勇敢地承担属于自己的核心责任。

我遇到过一位"鼓励下属犯错"的管理者。

以前，他是一个做事追求完美的人，对于工作，容不得一点瑕疵。

慢慢地，他发现下属做事墨守成规，凡事求稳；各种挑任务，因为怕出错，只选难度低的做；犯了错误藏着掖着，被发现了就互相推诿……部门业绩一路下滑。

痛定思痛，后来，他在部门内建立了一套容错管理机制，让每个下属有两次犯"非低级错误"的机会。如果下属依靠个人努力修正了错误，他们不用担心因此失去工作、无法晋升，或者名声受损。

在这一文化氛围中，下属开始变得自信、独立，而这名管理者也蜕变成了下属乐于追随的领导者。

卓越的管理者大多明白，管理不是管控员工，而是信任有责任感的员工，给他们犯错的空间和修正错误的机会，从而让他们有足够的安全感，全力向目标冲刺时无后顾之忧。

现代管理学之父彼得·德鲁克认为，管理的本质，是不断激发人的善意。

从人性的角度看，这才是管理的真谛。

08

CHAPTER

第 8 章

领导力修炼：
做催化剂领导，激发员工潜能

据统计，国际顶级期刊发表的团队研究文章，超过 70% 与领导力有关。

这意味着，在全球商业环境日益复杂的背景下，相对于客观因素，团队成员的领导力提升对企业发展和团队绩效的影响越来越受到重视。

对于管理者来说，领导力有多重要？应该在哪些方面修炼自己，才能够更好地影响他人，带领一群平凡人创造不平凡的业绩呢？本章详细讲解。

8.1 催化剂领导：
领导力不是天生的

领导力是天生的吗？

很多人在谈论领导力时，会举一些伟人、名人的例子，不但将他们成名后的行为细节放在显微镜下研究，就连他们成名之前，甚至幼年的一些经历都不放过，进行各种添油加醋的解读。

似乎在这些人眼中，领导力是少数人的特殊天赋。事实当真如此吗？领导力和影响力，真的是某些天才与生俱来的能力吗？

根本不是！

组织心理学博士马丁·拉尼克认为，主张"领导力与生俱来"的观点并不正确，双胞胎研究早已经证实了这一点。

研究人员研究异卵、同卵双胞胎婴儿长大后担任领导角色的可能性时发现，遗传因素仅占影响因素的30%，另外70%与后天成长有关。

该研究还认为，培养优秀领导者的最佳方式，是在领导力的22项核心技能要素上施加练习，帮助人们把领导力技能转化为习惯。

所以，领导力其实是一种技能。只要掌握科学方法并勤加练习，每个人都有机会掌握这一技能。

8.1.1　催化剂式领导，比威权式领导更有影响力

中国人民教育家、思想家陶行知任校长时，有一次在校园里偶然看到一名叫王友的学生用小石块砸别的学生，当即制止了他，并令他放学后到校长室谈话。

放学后，王友来到校长室，准备挨骂。

没想到一见面，陶行知先掏出一块糖给他："这个奖给你，因为你按时到这里来，我却迟到了。"

王友犹豫着接过糖，陶行知又掏出一块糖放在他手里说："这块糖也是奖给你的，因为我让你不要砸人时，你马上不砸了。"

王友吃惊地瞪大眼睛，陶行知又掏出第三块糖递给王友："我调查过了，你用小石块砸那个学生，是因为他不守游戏规则，欺负女同学。"

王友感动地流着泪说，自己不该砸同学。陶行知满意地笑了，掏出第四块糖说："为了你正确认识到自己的错误，再奖励你一块糖！我的糖发完了。"

我第一次看到这个故事时，深受启发。这看似不起眼的 4 块糖，实实在在地映射着人性的光辉，和背后隐藏的人才培养之道。

通用电气集团前 CEO 杰克·韦尔奇曾如此概括领导者职责："在你成为领导者之前，成功在于发展自己；在你成为领导者之后，成功则在于培养他人。"

当今时代，传统的威权式领导在很多组织中已经不受欢迎，尤其是在那些年轻人居多的科技创新公司中。一个优秀的团队领导者，自身散发的人格魅力，会对身边人形成强有力的影响力，这种领导被称为"催化剂式领导"。

领导力研究专家泰茜·白汉姆、理查德·韦林斯认为，与平庸的领导方式相比，具有催化剂特征的领导方式更为有效，后者在提高员工敬业度、强化团队成员参与感、集思广益等方面，都有更杰出的表现。

8.1.2　领导力不等同于管理能力

现代管理学之父彼得·德鲁克认为，"领导"，是做正确的事；"管理"，是正确地做事。

从这个角度看，领导需要在宏观层面和战略高度确定正确的方向，而管理者，要在确定的方向上执行，把一件事情做到最好。

领导力和管理能力最大的区别，是有管理能力的管理者通常需要依靠职位所赋予的权力和强制力去强迫或驱动他人做事，有领导力的人则主要依靠个人的影响力去感召、吸引他人主动、自愿地工作。

领导力和人际关系大师约翰·麦克斯韦尔认为，职务变化不会为领导力的提升带来太多附加值，真正的领导力，不可能通过奖赏、指定和委派获取，也不可能由外人授予，只能来源于影响力。

是否有卓有成效的领导力，只能通过是否有发自内心的追随者来判断。那些自以为是领导，却没有心甘情愿的追随者的人，只不过是在自欺欺人。

著名的军事理论家卡尔·菲利普·戈特弗里德·冯·克劳塞维茨在其名著《战争论》中如此描述将领的作用："当战争最焦灼的时候，将领的作用是什么呢？就是要在茫茫黑夜中，用自己发出的微光，带领队伍前进。"

那么，这种"星星之火，可以燎原"的领导力，主要来源于哪些方面，又该如何养成呢？

8.1.3　要领导别人，先学会领导自己

现代管理学之父彼得·德鲁克认为，优秀管理的本质，不是管理好别人，而是管理好自己。

真正的领导力来源，是自身的顿悟和升华。要想成为出色的领导者，首先要学会领导自己。

感召力，是领导力最基本的构成要素；行为垂范，是带来感召力的前提条件。

要求别人做到的事，自己要首先做到。

团队遭遇失利，自己要主动担责。

要求别人主动完成目标，自己要带头冲刺。

领导照顾好了员工，员工才会照顾好客户。

……

与管理职位相伴而来的职权、分酬权和惩罚权，只是领导力的弱来源，如果管

理者做不到让下属信服，那么，上述 3 种正式权力只会带来表面的服从，无法唤起下属的内心尊重。

让人信赖的专业技能、自信负责的做事态度、高尚的道德操守、勇于奉献的牺牲精神……这些要素才是领导力的强来源。这些要素，与个人的品质、操守和能力息息相关。

8.1.4　善用一致性承诺，围绕互惠原理，打造影响力

肯尼亚博物馆馆长理查德·利基认为，因为有了人与人之间的互惠体系，人类才成为人类；因为我们的祖先学会了在有债必还的信誉网中分享食物和技巧，我们才变成了人。

这种互惠互利的社会基础，是人类的独特适应机制。亚利桑那州立大学心理学名誉教授罗伯特·B.西奥迪尼将上述"互惠原理"用在了影响力塑造上。

根据互惠原理，领导者只有能向下属展现善意和信任，并能帮助下属实现目标，才能触发下属心理上的"互惠机制"，从而在他们心中打下自己个人影响力的烙印。

除此之外，美国社会心理学家利昂·费斯廷格认为，在大多数环境中，"兑现承诺"和"言行一致"也是影响力的重要来源。

按照人们的普遍价值观，"言行不一"是不可取的人格特征，"言行高度一致"和"勇于兑现承诺"则多与个性坚强、值得信任等品质相关，后者是影响力的基本构成要素。

8.2 情境领导：
管人不累、被管不烦的秘密

工作中有一个常见现象，即管理者把工作交给下属后总是不放心，这也想管，那也想问，结果自己疲惫不堪不说，员工也感觉很烦。

"管人不累，被管不烦"是上下级之间的理想状态，那么，如何落实到现实中呢？

20 世纪 70 年代，世界组织行为学大师保罗·赫塞和美国商业领袖肯尼斯·布兰查德共同构建了情境领导理论，该理论认为，管理者的领导方式，应该与下属的成熟程度相适应，且领导者应该根据员工所处的技能成长阶段，选择正确的领导方式。

本节以一名年轻人王丰的成长经历为案例，配合情景领导理论进行分析，希望能带大家洞悉管人不累、被管不烦的秘密。

8.2.1 员工技能成长的 4 个阶段

我们可以从两个维度入手，考察员工的成熟度和技能成长阶段。第一个维度是能力，第二个维度是意愿。

对员工能力高低的判断，重要的不是看员工懂不懂，而是看他会不会做，以及是不是精通。而对员工意愿高低的判断，涉及自信心和积极性两个方面，要想达到较高的成熟度，二者缺一不可，缺一条，就说明意愿偏低。

根据能力和意愿，可以把员工的技能成长划分为 4 个阶段，如图 8-1 所示。

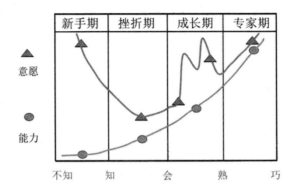

图 8-1　员工技能成长的 4 个阶段

如图 8-1 所示，员工技能成长的 4 个阶段分别为新手期、挫折期、成长期和专家期。

8.2.2　针对新手期员工，应采取指令型领导方法

年轻人王丰刚踏入职场时在财务部担任助理会计师，对所有事情都充满好奇，每天无比兴奋，跃跃欲试地只想干大事，迫切地渴望证明自己。

但因为缺乏经验，面对各种工作，他总是考虑不周全或者理解不到位，且因为总是放不下面子，不好意思向领导求教，他经常硬着头皮一顿蛮干，带着自己的错误判断和自以为是，把工作搞得一团糟。

在王丰感到困惑和无措时，财务总监李总及时出手相助。

李总是如何做的呢？

一句话总结，就是"下达明确的指令，由王丰来具体执行"。后来王丰才知道，这叫"指令型领导方法"。

李总肯定了王丰的工作热情，鼓励他继续保持，而在委派工作时，开始更明确且具体地下达各种指令，包括工作目标、工作范围、考核标准、权限责任等，以帮助王丰真正理解工作的内容和要求。

在工作推进过程中，李总还会主动跟进，并要求王丰定时汇报工作进展，以便出现偏差时立刻进行纠正。遇到问题时，李总会跟王丰一起分析问题出现的原因，并及时给予指导，甚至有时候会手把手地教王丰做事。

要知道，毕业生刚进入职场时，以及员工刚被提拔为管理者、接手一项新任务或者跳槽到一家新公司时，大多会经历一段"低能力，高意愿"的新手期。

处于新手期的员工，基本特征是学习的意愿很高，但是能力较差，缺乏足够的技能和经验。所以，他们常犯一些基本错误，比如，不会干却鲁莽地蛮干、愿意埋头做事却不懂得主动沟通、发现自己不懂却不敢向领导求教等。

对于新手期员工，管理者应该采取指令型领导方法，其特点是高指导、低支持，具体表现是在工作细节上多决策、多指导、多跟进。

面对新手期员工，管理者最容易犯的错误是以"信任你""让你放手干"等为名放任自流。注意，在员工能力很差却热情高涨的时候，管理者完全放手，员工容易盲目蛮干，把工作搞得一团糟。

换个角度说，如果大家身处这一阶段，应该抛开顾虑，遇到困难时主动向领导求教，或者请领导多介入自己的工作。

8.2.3　针对挫折期员工，应采取教练型领导方法

经过大概半年的学习，王丰能够熟练使用 Excel 表格、财务软件了，日常性工作也日渐得心应手，李总便开始试着让他独立负责一些工作。

王丰很清楚自己应该干什么，但因为核心专业技能不够娴熟、视野不够开阔，在处理账务时，他总是遇到困难，跨部门协调工作时也常感到吃力。很多时候，他非常努力，但收效甚微。

渐渐地，王丰变得焦虑、沮丧、经常气馁，工作热情和斗志明显下降，情绪一度非常低落，甚至开始自我怀疑，并有了辞职的念头。

王丰此时的表现不足为奇，因为他正处于技能成长的第二阶段，挫折期。挫折

期员工的基本特征是"低能力，低意愿"。

王丰忐忑不安时，李总又及时出手。这次，李总是怎么帮助他的呢？

这一次，是"精神上给他鼓励，技能上给他指导"，即上下级一起讨论工作思路，由李总做决定，由王丰具体执行。

这种领导方法，叫"教练型领导方法"。

思想上，李总经常主动找王丰交流，倾听他的想法，并给予反馈和鼓励。失败时，李总愿意跟王丰一起分析原因；进步时，李总会立刻给予表扬。很快，王丰从沮丧的情绪中走了出来，重拾自信。

工作上，李总明确表示允许王丰试错，并鼓励他自主思考，与他一起探讨解决方案。遇到问题时，李总会像导师一样对王丰进行指导，帮助他在财务技能上进行提升。

与此同时，李总还允许王丰参与讨论决策，有意识地让王丰了解决策流程，这让王丰在进行决策和处理人际关系方面也有了明显进步。

从技能成长的 4 个阶段来看，第二阶段，即挫折期，是最为关键的，也是最为危险的。

很多人一辈子做过很多种工作，但每一种工作都是浅尝辄止，没有大的突破，很大程度上是因为每项技能学习都倒在了挫折期。

8.2.4　针对成长期员工，应采取支持型领导方法

经过 3 年的持续成长，王丰的财务核算技能已经称得上娴熟，工作能力也得到了公司上下的认可，先后被提拔为财务主管和分部门经理，并开始负责公司的财务核算工作。

经历过几个项目的历练后，王丰不再满足于简单地执行工作，而是开始思考为什么事情要这么做、事情背后的意义和逻辑是什么、工作要怎样协作才有更好的效果、作为领导者应该怎样领导团队等。

但与此同时，王丰对融资、投资管理等工作还不是很熟悉，进行决策时仍然欠缺把握，经常来回试探和犹豫。有时候，面对复杂的问题，王丰会因为对具体细节考虑不周全而遭受不同程度的挫败。

李总这时候已经由财务总监晋升为公司内负责财务工作的副总裁，在此阶段，他又是怎样帮助王丰的呢？

简单地说，是面对工作思路方面的问题时，双方会一起讨论，但最后的决定由王丰做出，李总只会在王丰遇到困难时，倾听他的困惑并给予支持。

要知道，技能成长的第三个阶段，也就是成长期，员工特征是"高能力，意愿不稳定"，具体表现是能力已经很强，但对自己独立自主地做好工作没有完全的把握，经常会谨慎地试探。

在这一阶段，李总采取的领导方法是"支持型领导方法"，即不再对下属的具体工作细节进行过多的干预，更多的是给予精神和资源上的支持。只有这样，才能鼓励下属独立自主地解决问题，成为一个敢于对结果负责的人。

8.2.5　针对专家期员工，应采取授权型领导方法

又经过几年的历练和沉淀，王丰被提拔为公司的财务总监。

此时，王丰在财务管理、投融资等技能领域非常资深，也积累了足够丰富的团队管理经验。面对新任务时，王丰能很好地制订工作计划，执行管控流程及风险控制策略，并在执行过程中不断调整，将日常工作做得很好。

王丰感觉自己终于完全胜任工作了，忍不住有些激动、兴奋，期待能够独立自主地施展才华、体现自我价值。

自信心爆棚的他开始变得自负，认为自己什么都可以独立处理，于是喜欢在工作中自作主张，懒得事事向领导汇报。

受控于这样的心态，在集团某下属子公司上市的过程中，王丰在财务数据披露方面犯了致命的错误，几乎毁了自己的职业生涯。

这时候，李总再一次出手相助，在集团领导和监管代表人面前力挺王丰，让他戴罪立功，帮助该子公司顺利上市。

这次，李总是怎么帮助王丰的呢？

李总采取的是"授权型领导方法"，即赋予下属一定的权限，由下属来做决定并自行负责，尊重下属的意见和权利。

这种领导方法是有风险的，作为下属，在缺乏经验，或者超越授权范围的重大工作上，要主动跟领导沟通、向领导汇报，并提供几种解决思路，以便领导给予决策上的建议。

能够在某项工作技能上进入专家阶段的员工永远是少数人，在专家期，员工特征是"高能力，高意愿"。

如果此时领导过度督导，很可能造成下属出现参与意愿降低的逆反心理，以及"逆向授权"现象，即领导事无巨细地指手画脚，导致下属失去主动性，把自己应负的责任"扔给"领导，影响工作的整体效率。

作为下属，这时候应该合理掌控工作的主导权，主动给领导提出规划思路、工作计划和落实措施，在得到领导肯定后全力执行，以做出良好业绩。

8.2.6 如何区分 4 种不同的领导方法？

管理者对员工施加影响的行为主要有两种，一种是指导行为，另一种是支持行为。

指导行为，是领导告诉下属做什么及怎么做，明确界定上下级职责，密切关注下属的行为表现并及时监控。而支持行为，是领导多主导双向沟通，多倾听下属意见，让下属参与决策，并支持他们独立自主地解决问题。

总结李总的领导经验，可以根据指导行为、支持行为的程度，把管理者的领导方法分为 4 种类型，如图 8-2 所示。

图 8-2　4 种不同的领导方法

　　图 8-2 中列出的 4 种领导方法，与员工的 4 个技能成长阶段一一对应，在前面 4 个小节中，我们已逐一分析，此处不再赘述。

　　总而言之，领导要准确识别下属的成长阶段，选取合适的领导方法，与员工的成熟程度相适应，从而对他们的行为施加积极影响。

8.3 | 建设性思维： 如何激发员工的主动性？

德国西门子股份公司有一个理念，即只要管理者能知道员工怎么想，那公司就能成为一家伟大的公司。

谏言者，可谓是公司的"福将"。然而，我发现在很多公司，员工纷纷染上一种顽疾——沉默病。

比如，领导在动员会上讲得唾沫横飞，员工冷眼旁观，一声不吭；领导在例会上提出决议，员工经常"高度认同""一致通过"，似乎不管怎么样都可以接受；工作出错时，领导暴跳如雷，气冲冲地质问员工，但无论是不是自己的责任，员工都三缄其口，默不作声……

员工的"金口"为何如此难开？领导应该如何做，才能激励下属的主动性和参与感呢？

8.3.1　对人采取建设性思维，对事采取批判性思维

作家王小波在《花剌子模信使问题》一文中讲过一个故事，如下。

中亚古国花剌子模曾有一种古怪的风俗，凡是给君王带来好消息的信使，会得到提升，给君王带来坏消息的人，则会被送去喂老虎。

故事中，花剌子模古国的君王有一种近乎天真的想法，以为奖励带来好消息的人，就能鼓励好消息的到来，处死带来坏消息的人，就能根绝坏消息。

工作中不乏这一现象，领导大多喜欢听好话，这是人的天性，但这样一来，很多人会因为过去的成功经验，自大地认为自己永远是正确的，从而活在固有的思考范式里。

在这样的领导身边工作久了，很多员工会在工作中一言不发，只是沉默执行，唯一会说的话是"领导，你说了算"，而领导被束缚在个人的认知茧房中，会离真相越来越远。

这样的领导就像《皇帝的新装》中的愚蠢的皇帝，赤裸裸地在百姓面前游行，还自以为穿着有史以来最精美、华丽的衣服。

一个人位置越高，越应该具备开放的心态，听得进不一样的声音。管理者要以身作则，出现问题时主动承担责任，营造开放、包容的沟通氛围，且不要对员工的建议缺乏耐心，要给予员工充足的时间，耐心倾听，理解员工想法中的可贵之处。

要知道，持续提升领导力，并有效激励下属的第一条原则是"善用建设性思维"。

通俗地讲，对于下属，领导应该多采用"建设性思维"，坚持"对事不对人"，多关注下属的工作过程，帮助对方分析并找出"失败的原因"和"解决的办法"。

只有学会"多用加法，少用减法"和"对人采取建设性思维，对事采取批判性思维"，管理者才能够更好地指导下属，提升自己的领导力和影响力。

8.3.2　努力做"助推器"，学会倾听后指导

2022 年，我参加了一家公司的月度经营分析会，会上，一名员工汇报了项目成本方案，PPT 做得很用心，据说是连夜加班做的。

但是，该员工刚说了几句话，领导就开始不耐烦地催促，接连不断地说"下一页""不用说了，再下一页""直接讲具体怎么做，有什么价值""不用讲了，我都知道了"……

领导这些话是什么意思呢？是想告诉对方："你的废话太多，直接说重点！"或者："我已经知道你要说什么了，不要再浪费我的时间。"

这种不耐烦的情绪，员工自然能感受到，且会受到巨大的伤害。听到这样的话，员工的工作积极性会受挫，会觉得自己用心准备的内容未得到重视。

久而久之，再遇到类似的工作，员工很可能不会再认真准备，取而代之的，是

被动地等着领导想办法、下命令。

要想让下属感受到领导力，第二条原则是"主动站在下属身后，扮演'助推器'的角色"。

比如，听完下属的建议后，领导可以这样说："你提交了项目成本方案，看来用了不少心思，这值得表扬。只不过，你列出的成本项有些简略，看不出成本削减的比率。你回去把成本项细化后再测算一遍，明天我和你一起讨论修改吧。"

说话的角度一变，下属就有干劲了，而且会觉得领导确实有水平，对吗？

8.3.3　遵循南风法则，避免单边控制模式

部分领导会把员工的意见表达行为当成对自己权威的挑战和威胁，为了维持地位的稳定，证明自己更聪明、更有经验，这些领导会频繁地否定员工的意见。

一开始，员工还会为自己辩解几句，或者对事情做个说明。一旦发现领导永远是"噼里啪啦"地一顿说教，这些员工会逐渐学会闭嘴，能不说话就不说话，更不会反驳，毕竟"多说多错，少说少错，不说不错"。

我见过一个领导，经常把员工叫进办公室谈话，说是"谈话"，但往往对方还没说完，他就会说："我告诉你，你这想法根本不行！"然后开始漫长地说教，甚至把员工说到惊出一身冷汗，有种想撞南墙的感觉。

而员工在说教结束，忙不迭地"逃离"领导办公室后，经常浑身湿透，脑袋里能想起来的全是"你这想法不行"。

长此以往，员工见到领导会不自觉地躲开，以避免沟通。领导总是全盘否定员工的意见，就相当于在办公室门口挂上"你是笨蛋，请勿入内"的牌子，硬生生地把人拒之门外。

面对员工时，作为领导，要压抑自己否定、挑错的冲动，减少对员工的"控制"。

在工作进展的关键时刻，领导要学会勇敢、适当地"示弱"，让员工感受到自己的价值，毫无负担地表达观点，从而催生建设性建议，这是一家公司走向卓越的

关键要素之一。

提升领导力的第三条原则，是"遵循南风法则"，即想让人摘掉"扣在头上的帽子"，被激发出最好的状态，只能吹起温暖的"南风"，要知道，冷冽的"北风"只会让人压紧"帽子"，抱着脑袋不松手。

8.3.4　员工要懂得向上管理，有效表达个人需求

说起良好的上下级沟通，不能把所有责任都推给领导，作为员工，也要有意识地改进沟通方法。

当被鼓励与领导积极沟通时，很多员工的心理活动是：这个事情不是显而易见的吗？需要说得这么清楚吗？

这类员工不愿意付出任何沟通努力，常理直气壮地认为"我不说，领导也应该知道"，幻想着领导能主动关注并支持自己。

要知道，这是在无意之中把自己的需求错误地转化成了对领导的要求。如此一来，得不到想要的东西时，员工很可能会觉得委屈、不被看重，进而抱怨领导不能慧眼识珠。

可是，这只是员工的想法。要知道，当焦点都在某件事上时，这件事就会被无限地放大，员工认为，某件事就像一个西瓜一样被摆在桌子上，所有人都应该看得到，和自己一样重视它，但事实是，在忙得不可开交的领导那里，这件事只有核桃那么大，而且还被藏在口袋里，哪能看得到？

正如领导力专家、哈佛商学院终身教授约翰·科特所说，世上没有完美的领导，他们没有用不完的时间来善待每一个员工的需求、解决每一个员工的问题，这种沟通需要员工去主动获取。

所以，成熟的员工会努力向上管理，主动、清晰、准确地表达自己的需求，获得能支持自己发展的资源和帮助，创造上下级双赢的结果。

8.4 | 降维赋能：外行怎样领导内行？

说起"外行领导内行"，很多人义愤填膺。

在这些人眼里，领导应该由"内行"来担任，因为"外行"往往不懂装懂，喜欢瞎指挥、乱命令，结果越管越乱、越管越忙。

但在现实中，外行成功领导内行很常见。本节就来讲一讲，外行管理者要想领导好内行下属，应该从哪些方面着手。

8.4.1　外行领导内行，本质是一种知识领导另一种知识

外行领导内行，本质是一种知识领导另一种知识，这经常发生在不同性质的知识之间，属于知识的"降维打击"。

如前文所述，世界经济合作与发展组织把知识分为四类，分别是事实知识（know-what）、原理知识（know-why）、技能知识（know-how）、人际知识（know-who）。

其中，事实知识指"知道是什么的知识"，原理知识指"知道为什么的知识"，技能知识指"知道怎么做的知识"，人际知识指"知道是谁的知识"。人际知识很广泛，既包括知道谁精通哪些技能，也包括知道如何调配资源、处理人际关系。简而言之，人际知识主要分为两种类型：一种是知道自己拥有哪些人际资源，另一种是知道如何与别人打交道。

从知识管理的角度看，这四类知识分别居于第一、二、三、四个层次，每个层次的知识，都制约着前面层次的知识发挥的作用。

也就是说，懂原理知识的人能够指导懂事实知识的人，掌握技能知识的人能

够管理仅掌握原理知识、事实知识的人，精通人际知识的人可以领导精通前三种知识的人。

由此可见，在涉及组织管理的领域，人际知识确实可以指导前三类知识。也就是说，不精通专业技能的"外行"，确实有可能领导精通专业技能的"内行"。

那具体来讲，"外行"应该掌握哪些有效方法，才能成功领导"内行"呢？我们可以从 4 个角度入手，逐一分析。

8.4.2　建立有影响力的人际网络

现代管理学之父彼得·德鲁克说："企业生存的唯一目的，是创造顾客。"

由此可见，哪个企业能吸引更多顾客，能通过商业模式创新提供更有价值的产品服务，哪个企业就能更好地生存。

企业构建商业模式，主要基于信息差、技术差、资源差。

"信息差"，指把稀缺信息，从低价的地方搬到高价的地方；"技术差"，指拥有特殊技术的人，向缺少技术的人提供服务；"资源差"，指拥有稀缺资源或人际资源的人，向没有资源的人提供价值。

掌握稀缺资源的人，经常能弥补信息、技术方面的缺陷和不足，为企业构筑难以逾越的"护城河"。

"颠覆性创新之父"、哈佛商学院教授克莱顿·克里斯坦森提出了"RPV 模型"，该模型认为，一个组织的运行、成长和创新由 3 种力量支撑，分别是 R（Resource，资源）、P（Process，流程）、V（Value，价值），在这 3 种力量中，资源所起的作用至关重要。

对管理企业的"外行领导"而言，能否获取和调配足够的关键资源，是能否成功领导"内行人才"的重要因素。这些关键资源，包括人力资源、融资渠道、自身社会关系所携带的无形资产和影响力等。

要知道，一般人工作时，习惯根据已知条件推演后续结果，如果资源条件达不到，就很难做好工作。而厉害的管理者，大多懂得以终为始，会从最终目标出发去寻找资源支持，没有条件，创造条件也要解决问题。

想完成上述任务，必须建立有影响力的人际网络。

8.4.3　界定标准，提升团队运行效率

世界一级方程式锦标赛中，在维修站工作的团队人员，工作效率非常高。

据统计，传统的赛车维修站中共有 22 名工作人员，他们的工作分工明确、环环相扣：灭火器、加油管、加油枪、加油机、前千斤顶、后千斤顶、赛车前鼻翼更换用的千斤顶、高压气瓶、无线电联系等，各需要一个人负责，另外，还有 12 个人负责换轮胎，每个轮胎 3 个人，其中，一个人负责拆旧螺丝、上新螺丝，一个人负责卸下旧轮胎，一个人负责安装新轮胎。

赛车进站时，工作人员会手持千斤顶，快速将车身顶起，0.3 秒内卸下 4 个车轮的螺丝，2.2 秒内取下旧轮胎，3.5 秒内换上新轮胎并拧紧螺丝。换胎的同时，在 1.5 秒内加油，同时检查全车状态。全部工作加起来，最快 6 秒左右完成！

这个案例，给我们带来什么启发呢？

它告诉我们，在一项复杂工作的创新期和规则设立期，团队成员之间的沟通行为可以很多，但到了工作的执行阶段，更需要高效配合，应该追求"无短板、无领导、无沟通"的终极目标。

什么是"无短板"？即要求所有成员在本职工作上都是专家、高手。只要有一个人效率低下，这个人就会变成"木桶上的短板"，拉低团队效率的上限。

什么是"无领导"？即所有人都能主动、高效地完成职责，不需要一个扮演领导角色的人站在一旁指手画脚。一旦有人在现场指挥，团队效率就会大打折扣。

"无沟通"又是什么意思呢？即团队所有人密切配合、无缝连接，一个眼神、一个动作，就知道彼此下一步要做什么。在团队工作中，一旦开始探讨、争论、扯

皮或说服别人，效率就会下降。

"无短板、无领导、无沟通"是团队建设的终极目标，但现实中，除了赛车维修这种极端的案例，一般环境下很难实现。我们可以取长补短，将其当成目标、方向，来指导实践工作。

上述极致的组织效率，源于一个举动——领导充分动脑，把专家成员拥有的隐性专业知识变成显性的标准动作和工作流程，通过人员配合或者机器程序，达到最高的组织效率。

8.4.4　走进人心，让团队具有凝聚力

众所周知，汉高祖刘邦认为，自己计谋不如张良，治国不如萧何，打仗不如韩信，下属的业务能力都比自己强。但他看似一无所长，依然能把这些能人聚在一起，为自己所用，成就一番霸业。

身为一个统帅，论冲锋力，肯定不如手下大将；作为一个老板，论财务能力，肯定不如财务总监；身为一个管理者，论拧螺丝的效率，肯定不如车间工人……

但作为管理者，本就不必强于团队中的每个人，尤其是不需要在具体技术或业务能力上强于下属，因为管理者的关键价值并不体现于此。

那么，对于管理者来说，什么能力必须强？

能凝聚团队的领导力！

作为管理者，不能只是用压制他人的方式和他人相处，而是要努力获得人心，成为有人格魅力的领袖；作为管理者，要尝试激发下属的自驱力，通过个人影响力，把员工影响成心甘情愿的追随者，一起创造超出预期的业绩。

领导力缺失的团队，犹如在做物理学中的布朗运动，每一个微粒都在向不同的方向运动，难以形成合力。而领导力有强作用的团队，其中成员犹如处于磁场中或电压下的物体或电子，会产生感应电流，和与之相生的强大凝聚力。

8.4.5　充分授权，成为下属的支持者

美国第 26 任总统西奥多·罗斯福曾这样描述优秀的管理者："最好的管理者，懂得找到人才来做计划工作，而且能够克制自己，在执行过程中不横加干涉。"

"外行"管理者必须懂得授权，这是"外行"领导"内行"的重要手段之一。

对于能力强的员工，管理者应该在合理的范围内充分放权，给他们更大的空间，发挥每个人的专业优势，尽可能地激发潜能。

这样做，不但能让这些员工为团队创造更大的价值，也能让这些员工适当地成为聚光灯下的焦点，获得成就感和满足感。

此外，在员工遇到困难时，管理者要尽可能多地提供资源和人脉支持。这样做，既能帮助员工完成目标，也能帮助自己建立领导权威。

做好以上几点，自然会成为让"内行"员工心服口服的"外行"领导。因为通过知识的"降维赋能"来帮他人扩展边界，完成他人所无法完成的目标，并不是一件简单的事。

8.5 | 保持能量平衡：
发挥内向者的领导力

提到性格，很多人会下意识地认为外向性格好，内向性格不好，笃定内向性格的人不合群、朋友少、不善言谈，而外向性格的人开朗、自信、充满活力，容易成为备受瞩目的"领袖人物"。

这其实是一种严重的误解。

8.5.1 内向性格和外向性格的 3 个主要区别

内向性格和外向性格有哪些具体区别呢？列举 3 个主要区别如下。

第一，恢复精力时，汲取能量的方式不同。

瑞士心理学家卡尔·古斯塔夫·荣格的研究证实了以下内容。

内向者常被内心世界的想法吸引，而外向者更倾向于关注外部活动；

内向者的注意力常集中在身边的人和事物的存在意义上，而外向者更容易沉迷于各种具体事件；

内向者会在独处时为自己"充电"，外向者则喜欢从外部汲取能量为自己充电。

外向者并不一定更加开朗或更加充满活力，只不过他们的生活重心在自身之外，用于恢复精力的能量也主要来自外部。如果无法与外部有足够的交流，外向者会感到孤独和精疲力竭。

与之相反，内向者汲取的能量主要来自内心，比如内心的想法、印象和感情，他们并不一定是安静的，或远离人群的人，只不过习惯将生活重心聚焦在内心罢了。内向者疲惫时，需要找一个安静、适合自省的地方，自己把事情参透，通过感兴趣的爱好或事物来恢复能量。

第二，感受外界信息刺激的方式不同。

外向者喜欢多种多样的经历，内向者则更关注自己的体验。

内向者喜欢恰到好处的适量信息刺激，比如跟一个密友喝一杯酒，自己写一幅字或潜心读一本书。任何过量的外界信息，都会迅速提高内向者精神活动的剧烈程度，甚至仅仅是身处人群，就可能让内向者感觉过度刺激和劳累。

与之相反，外向者倾向于主动寻找带有冲击力的外部信息刺激，比如不断地结识新朋友、滑雪，或沉浸于大分贝的立体声音，这是他们补充能量的方式。

第三，对事物探索的广度和深度不同。

一般来说，外向者更喜欢延展广度，比如，他们乐于拥有很多朋友、经验和爱好，对所有事情都了解一点点，是个博学家。外向者做事倾向于速战速决，喜欢快速做决定，适合多任务并行或挑战带有冒险性质的事物，他们享受"不断追逐"的快感。

与之相反，内向者偏爱追求深度，专注于少而精，他们经常主动限制自己爱好和经验的量，做事情更乐于追求"心流效应"。内向者喜欢深入讨论话题，追求质更胜于量，热衷于专注的深究、内省和安静的思考，痛恨被人随意打扰，因为被人打断后，再进入深度思考状态需要花费大量能量。

8.5.2　内向者和外向者不同的领导力优势

现代管理学之父彼得·德鲁克说过这样一段话："过去半个世纪，我遇到或共事过很多高效的领导者，他们有的喜欢把自己锁在办公室里，有的喜欢交际；有的做事果断且冲动，有的则审时度势，要用很多时间才做一个决定。"

由此可见，内向、外向，都只是人的性格类型，性格类型并不能决定能力高低。

事实上，有很多著名的创新者，或极具领导手段的企业家和投资高手，是典型的内向者，比如，爱因斯坦、比尔·盖茨、沃伦·巴菲特等。

研究显示，内向者和外向者在智商水平方面是基本持平的，在时间和社会压力下，或者在多任务并行的环境中，外向者表现更好；有足够的时间和空间可以研究问题时，则内向者表现更好。

那么，从成为优秀管理者的角度看，两种性格各有什么优势呢？

宾州大学沃顿商学院教授亚当·格兰特研究认为，外向者管理情绪消极的员工更高效，而内向者管理积极的员工更高效。

这是因为，外向者天生有鼓舞人心的能力，这往往能够对偏消极的员工起带动作用，而内向者大多拥有更胜一筹的敏感度、预见性和延迟满足感，能更好地倾听和获取积极员工的建议，并激发这些积极员工的主动性，创造正向的良性循环。

那么，从实践角度看，内向者应该如何发挥自己的优势呢？

8.5.3　选择合适的环境，给予自己适度的刺激

一项研究发现，参与具有挑战性的启智游戏时，外向者选择的背景乐音量平均为 72 分贝，内向者选择的背景乐音量则平均为 55 分贝。

合适的刺激音量，能给人们带来最佳的刺激和表现。在自己选择的背景乐音量中游戏时，内向者和外向者的表现大体相当；给双方互换音量后，内向者和外向者的表现则都显著低于预期。

英国心理学家汉斯·艾森克认为，人们做事的最佳选择，是寻找适度的刺激。

内向者，要多选择独自沉浸式的学习、工作，或者安静的环境，这更能发挥他们的优势。而对于外向者来说，最好选择相对活跃的工作环境，比如跟人打交道，这更有利于发挥他们的最佳水平。

8.5.4　进行适度的脱敏训练，展现影响力

对于陌生的事物或公开的社交场合，内向者往往有一些"恐惧"，这会对他们发挥自身优势有负面影响。

做适度的脱敏训练，可以有效地帮助内向者克服恐惧。内向者可以让自己在可控的范围内，反复暴露在所恐惧的场景中，通过不断扩大自己的舒适区，来逐渐发挥自己的优势。

比如，要想克服交流时怯场的问题，内向者可以把需要沟通的重要事情拆分成多个步骤，聚焦每一个步骤，提前进行有针对性的练习，练习沟通的对象从熟悉的人过渡到陌生的人；练习时间从 15 分钟过渡到 30 分钟……循序渐进。

另外，内向者还要学会摆脱过强的"内疚感"，保护并强化自己的信心。

心理学家格拉日娜·科汉斯卡研究发现，平时常对发生过的事情或身边的人抱有内疚感的人，更有可能是内向者。

过度的内疚感，容易把人拖进高度的精神内耗，从而忘记如何从困难中站起来。

对于内向者来说，一定要学会自我调节，寻找具有积极影响的适度内疚感，提高社会适应性，从而得到与他人和谐相处的能力，提升影响他人的领导力。

8.5.5 学会从外界汲取能量

对于大部分内向者来说，不一定非要用尽心思去跟随职场社交的潮流。

当感到自己在社交上花费了太多时间和精力，有些筋疲力尽时，独处和休整是补充能量的最佳选择。

不过，在职场上打拼，确实需要掌握一定的社交技巧和沟通技巧，为了实现目标，每个人都需要挑战自己。

外向者在人际关系方面的过人之处，是他们能够不断地从外部世界汲取能量，可以说，外部世界本身就是他们的主要能量来源。

为了保持情绪和能量的平衡，内向者可以适当地做一些外向的事情，向外向者学习从外部世界获取能量的基本方式，减少把注意力放在自己心绪上的时间，适当降低内部世界的亮度，打开一盏灯，去看看外部世界。

内向者想变得适度外向，不妨尝试以下几种具体策略。

从不重要的事情开始，锻炼想说就说的能力，快速平息内心的情绪波动；

不要揪着过去不放；

随时保持微笑和适度风趣；

为一些容易陷入尴尬的场合提前准备应对"锦囊"。

09
CHAPTER

第 9 章

管理进阶：
成长高手的核心管理工具箱

现代管理学之父彼得·德鲁克认为，管理是一种实践，其本质不在于"知"，而在于"行"；其验证不在于逻辑，而在于成果；其唯一的衡量标准是成就。

管理学中有各种各样的方法、体系，到底哪些管理工具能够在实践中卓有成效地帮助管理者取得出类拔萃的成果和成就呢？本章详细讲解。

9.1 | 有效决策：
高手与众不同的决策艺术

著名的世界经济调查机构朗莱弗公司公布的一项调查结果显示，企业增加一个熟练的劳动力，可以取得 1:1.5 的经济效果；增加一个出色的技术人员，可以取得 1:2.5 的经济效果；增加一个优秀的决策者，可以取得 1:6 的经济效果。

有效决策，不仅决定着企业的发展方向，还贯穿着管理者工作的全过程，是成功管理的重要构成要素。能够科学有效地决策，是管理者必备的核心技能。

9.1.1　和普通人相比，高手的决策方式有何不同？

1995 年，中国北极考察队员刘少创乘坐飞机抵达北纬 89°、距离北极点 160 公里的地方，后徒步到达位于北纬 90° 的北极点，成为我国"徒步最后 1 纬度"的第一人。

此后的 20 多年里，我国真正完成该挑战的仅有数十人。

这一挑战，为什么这么难呢？

因为在徒步旅程中，多数时间是在"漂移"的浮冰上行走。每一天，挑战者都需要先打开 GPS 卫星地图，规划一条绕过浮冰裂缝、通往北极点的路线，再沿着路线奋力前行。

到了晚上，疲惫不堪的挑战者需要在帐篷中休息，以补充体力。第二天早上，挑战者醒来后需要做什么事呢？需要拿出 GPS 卫星地图，校正前往北极点的路线。为什么呢？因为脚下的浮冰在不断移动，睡了一觉起来，没准浮冰已经偏离路线几公里了！

大家看，在当今不确定性持续增强的商业环境中，管理者是不是特别像徒步挑战者？既要使用类似于 GPS 卫星地图的决策工具进行系统分析，以找到最优决策路径，又要适应"漂移的浮冰"，不断校正决策执行中的偏差。

做有效决策，主要受决策模型和信息环境的影响。

徒步北极这个任务确实很难，但它是不是最难的呢？不是！

普通人做出决策并解决问题，多数是根据直觉，带着线性思维，沿着脚下的道路向既定目标前进。徒步北极，需要不断校正路线，加上恶劣的生存环境影响，确实很难，但它至少有可预测的环境和明确的目标方向，最难的任务，是面对完全不确定的环境，在不知道目标方向的情况下做出决策、解决问题。

再举一个例子，在丛林或沙漠中迷路的人，如果有卫星地图或指南针，就是再疲惫、再饥渴，哪怕靠喝马尿维持生命，也不算难，因为至少有希望。

真正困难的情况，是没有这些工具，不知道应该往哪个方向走。当一个人绕了两大圈，却发现回到了原点，情绪很难不崩溃。

在工作中，同样如此。很多人迷失在数据、信息海洋中，无法迈出"从 0 到 1"的有效认知第一步，所以无法高效地解决问题。而那些厉害的专家呢，他们解决问题时不是从零开始思考，而是凭借悟性建立认知和决策模型，来寻找有效的解决思路。输入相同的信息时，他们与普通人的差别在于他们的大脑可以依靠认知和决策模型快速输出解决方案，在看似不相关的事物中找到本质联系，从而轻松解决大部分问题。

9.1.2　两个重要决策，让斯坦福大学成为世界名校

高明的决策有哪些特征呢？先来看一个故事。

20 世纪 40 年代，斯坦福大学是一所名不见经传的大学。与如今的全球一流高校相比，当时的斯坦福大学既没有知名教授、优秀生源，也没有顶尖技术和强大的竞争力。甚至因为学校位置比较偏僻，当时的斯坦福大学被称为"乡村大学"。

1951 年，弗雷德里克·特曼担任斯坦福大学工程学院院长，提议并决定在校园

内创办工业园区。随后几年内，斯坦福大学引进了包括惠普在内的 7 家科技公司。凭借丰厚的租金，斯坦福大学购买先进的教学设备，建造了一流的研究所、实验楼和教师别墅。

后来，特曼升任副校长，致力于将斯坦福大学创建成世界一流大学。他做出决策，制定了"聘请知名教授，培养一流人才"的发展战略。

鉴于当时斯坦福大学的知名度并不高，特曼主动在各领域寻找知名教授，提供优厚待遇和工作条件，邀请他们前来任教。与此同时，特曼盛情邀请教授们来学校参观，除了提供往返路费及招待费，他还在邀请函上注明一个特殊要求——请您务必携同太太前来。

不久，来自全球各地的顶尖教授带着太太来到斯坦福大学的校园，特曼依次带领大家参观教学区、实验区，最后来到给教师配备的别墅区。

别墅区环境优美，房间宽大整洁，配套设施一应俱全，教授太太们一下子被吸引了，纷纷鼓动丈夫接受聘请。有些教授拗不过太太，当场决定留下。那些当时未下定决心的教授，后来在太太的极力劝说下，也陆续来到斯坦福大学任教。

弗雷德里克·特曼通过创办工业园区和吸引顶尖教授任教这两个决策，让斯坦福大学很快跻身于世界一流大学行列。

这种卓有成效的高明决策，具有什么样的特征呢？

现代管理学之父彼得·德鲁克认为，要做出有效决策，管理者需要有一套系统的程序，这套程序应该有明确的要素和切实的步骤。

下面，结合弗雷德里克·特曼的决策案例，对德鲁克提出的有效决策过程进行有针对性的分析。

9.1.3 面对根本问题，调动系统思维

有效决策的第一步是判断问题的性质，如果问题是经常性、根本性的，那么解决它，需要进行建立原则或改变规则的重大决策。

在上面的案例中，20 世纪 40 年代的斯坦福大学是一所不知名的普通大学，人才、

资源、生源、地理位置等都不尽如人意，这时候，如果仅在某些孤立的领域做出局部改进的决策，很难让学校有根本性进步。

这是因为，做出任何一项涉及根本性改变的重大决策，凭借的都不是线性思维，而是系统思维。

系统由三部分组成，分别是要素（或称为个体）、关联、目标（或称为功能）。这三者缺一不可，缺失任何一部分，都意味着不是一个系统。

通常来讲，要素变化对系统影响最小，关联和目标发生变化则会引起系统巨变。

弗雷德里克·特曼在做出在校园内创办工业园区的决策时，看起来有些"不务正业"。事实上，当时确实有很多人对此表示不理解，这哪是一所有雄心的大学该做的事情啊？

但很显然，要想实现"将斯坦福大学打造为世界一流大学"这一远大目标，不能只是"就事论事"，通过一项建立原则的重大决策，才有可能完成任务。

9.1.4　确定基本假设，找到解决问题的边界条件

决策的前提，是建立直达问题核心的基本假设。那么，什么是假设呢？

假设，是以创造价值为目的的"临时想法"。假设的提出，是为了找到解决问题最应该做的事，将各种资源投入这一假设，并用后续的解决方案验证、调整假设，以确保问题解决和目标实现。

对弗雷德里克·特曼来说，如何实现"将斯坦福大学打造为世界一流大学"这一目标呢？

需要把整个决策系统分解为若干个独立要素，形成核心假设。比如，拥有一流的教学设备和设施、拥有一流的教授和学生、产出一流的研究成果……这都是该系统的重要构成要素。

这一切目标和要素，都需要雄厚的资金作为支持。所以，特曼在校园内创办工业园区来获取资金支持是"破局点"和"牛鼻子"。只有抓住这个"牛鼻子"，吸引知名企业入驻，才可能为学校带来资金，以便进一步购买教学设备、修建教学楼

和教师别墅、吸引一流的人才和生源。

这看似是一个个独立要素，其实都属于一个复杂而自洽的"决策生态系统"，围绕决策的核心假设展开。不同要素之间的关联关系，就是待决策问题的"边界条件"，即解决问题必须满足的逻辑前提。

9.1.5　思考解决条件，得到"满意解"

弗雷德里克·特曼要想让学校决策委员会同意他的设想，需要通过创办工业园区，成功引进惠普等知名企业，获得大量租金，为购买教学设备、修建教学楼和教师别墅、引进人才做好准备。换句话说，只有第一步解决方案顺利落地，特曼才能得到学校决策委员会的支持，获得晋升为副校长的机会，从而推动后续解决方案的实施。

现代管理学之父彼得·德鲁克等多名管理学家指出，管理既是一门科学，也是一种艺术。

管理决策的科学性，经常表现为通过符合逻辑的思考，从事物的根源入手，进行理性、客观、严密的分析，据此形成经得起科学推敲的观点体系。而其艺术性，经常表现为决策过程中的直觉，和"灵机一动"的多元创新思维。

瑞士洛桑国际管理学院的教授菲尔·罗森维在其专著《左脑决策，右脑执行》中提出，成功的决策既需要左脑的理性思考，又需要右脑的直觉潜能和执行动机。

在罗森维看来，左脑决策意味着人们在做决策时，要发挥左脑的逻辑思考能力，在知识的处理和判断过程中进行理性分析；右脑执行则在强调要发挥右脑的形象思维和创造性。

成功人士和优秀的管理者，经常能够突破左右脑的分工制约，把逻辑思考和直觉创新结合起来，做出正确决策并创造非比寻常的成就。

日本管理学家大前研一有过类似的阐述。

大前研一认为，人的左脑主导抽象的逻辑思维，能对右脑产生的创意构思做出逻辑评价，更具有序性、延续性、分析性，对语言、数字、推理、科学研究等更感兴趣。而人的右脑主导形象的非逻辑思维，更具无序性、跳跃性、知觉性，对视觉形象、想象力、艺术音乐鉴赏等更感兴趣。

虽然上述偏好不是绝对的，但大脑的使用习惯会影响人的能力导向和性格，活跃程度较高的半脑在一定程度上制约着另一个半脑。

回到管理决策的过程，决策者提出基本假设并确定问题的边界条件后，需要在探索解决方案的过程中，充分运用左脑的逻辑分析力和右脑的直觉创造力，广泛寻求不同方案的可能性。

当各种可能的方案被提出后，决策者要以事实为基础，验证并评价各方案，分辨利害得失、可行性、组织接受能力等，缩小选择范围并做出选择。

由此可见，重大管理问题的决策既是一个选择的过程，也是一个面对不同条件和力量，斟酌、妥协，从而取得"满意解"的过程。

9.1.6 兼顾执行措施，不断修正与优化

优秀的管理者，都知道在什么时候，应该根据什么原则和条件进行决策。

更重要的是，他们知道，在整个决策与决策推行过程中，最费时的不是决策本身，而是决策的推行，不能付诸行动的决策，都不能被称为真正的决策。

案例中的弗雷德里克·特曼之所以成功，是因为在一些教授拒绝到斯坦福大学任教时，他聪明地优化执行措施，通过获得教授夫人的支持来实现目标。

现实生活中，我们常常看到，很多企业家没有太强的理论基础，但能干成事，并把企业做大做强，为什么呢？

因为优秀管理者的思维模式和一般人的思维模式是不一样的。一般人习惯从已知条件出发，推出后续结果，在工作中，如果条件达不到，就做不好工作。而管理者思维是以终为始，从最终目标出发来安排工作，主动寻找资源支持，做出常人意想不到的决策，并在执行决策时不断修正、优化解决方案，以确保方案的贯彻和成功执行。

9.2 | 战略思维：
聚焦优势，助力成长破局

自 1980 年，商业管理界公认的"竞争战略之父"迈克尔·波特的名著《竞争战略》出版，企业界对于战略的研究热度始终不减。

不过，战略管理的全局性和复杂性，让它既成为一个备受关注的话题，也成为一个让人感觉晦涩难懂，被误读最多的话题。

本节结合经典案例和最新战略范式，详细解读战略思维和战略管理。

9.2.1 战略的本质，是选择

战略的本质是选择，以确定前进的目标和方向。

元朝末年，有 3 股军事力量在进行最后的角逐，分别是朱元璋势力、陈友谅势力、张士诚势力。野心勃勃的朱元璋一心想灭掉对手，独霸天下，但他面临一个战略困局。如果攻打张士诚，陈友谅可能会偷袭他的后方；如果攻打陈友谅，张士诚又成了位于后方的隐患，如何避免两人联手，把他们逐个消灭，是一个很大的难题。

朱元璋做出了什么样的战略决策呢？

所谓"战略决策"，并不像很多人讲得那么玄乎。决策者找出一条妥善的出路，把主要精力、资源聚集在最重要的方向即可。

朱元璋做出的决策，是聚集主要力量，先干掉陈友谅，再消灭张士诚。

当时，朱元璋的很多部下不理解这个决定，因为陈友谅勇猛彪悍，实力强大，张士诚则温顺保守，偏安一隅，军事力量偏弱。按照常理，柿子先挑软的捏，应该先干掉张士诚才对。

但朱元璋不是这样想的，他判断陈友谅实力强大，野心也大，而张士诚偏安保守，野心有限，如果先攻打张士诚，陈友谅必然攻打自己的大本营金陵，这样就人为地造成了陈友谅和张士诚"结盟"的被动局面。而且，陈友谅善攻，张士诚善守，这样一来，等于同时对抗两个对手的长处。反之，如果先攻打陈友谅，虽然是一场血战，但战争的残酷定会震慑张士诚，张士诚没有一统天下的雄心，以他贪小便宜、偏安自保的天性，有很大的概率会坐山观虎斗，不敢大举攻打自己的后方。

此后的战局进展说明，朱元璋的战略决策完全正确。朱元璋与陈友谅鏖战时，张士诚袖手旁观，没有意识到维持天下三足鼎立局面的重要性。陈友谅失败后，张士诚自然成为下一个待宰的羔羊。

由此可见，战略是一条准绳，用于衡量什么事情该做，什么事情不该做。

制定战略的好处在于，让管理者和组织中的所有人都知道组织的未来在哪里，未来几年干什么，以及当下干什么。

一旦确定了战略方向是东，就不能允许有人往南。

并不是往南不对，而是不符合战略方向。不符合战略方向的事情不是不好，而是会分散精力，这样一来，就无法赢得"力出一孔，利出一孔"的战略优势。

9.2.2 夺取人心，赢得战略优势

从资源角度来说，确定战略方向并为之努力的过程，是通过高明的管理，用有限的资源获取最大的回报的过程。确定战略方向，需要聚焦自身的核心能力，找到杠杆，追求效能最大化。

那么，最具穿透力的杠杆是什么呢？是人心！

据说在 20 世纪 20 年代末，中国共产党成立不久，毛泽东率军突破国民党军队的围追堵截，来到井冈山后，曾经站在黄洋界哨口，与士兵有如下一番对话。

"往前看是什么地方？"

"是茨坪。"

"再往远看呢？"

"是吉安。"

"再往远看呢？"

"看不清了。"

"那不行，我们一定要看到全中国，看到全世界！"

革命成功后再来看毛泽东这些话，似乎顺理成章，但在革命初期，在手头只有几十条枪的时候，有这种远见、胆识和前瞻性，能凝聚团队上下的战略目标和使命决心，绝非常人所能及！

到了解放战争时期，共产党与国民党的兴衰浮沉，看上去似乎是战争形势的变迁造成的，但寻根溯源，是战略方向的不同造成的。毛泽东自提出"农村包围城市"的革命战略起，就把共产党当时的核心任务凝缩成了一个简单易懂的口号，即"打土豪，分田地"，这句"广告词"，让数亿农民兄弟听懂了，记在了心中，凝聚起了无穷的力量。

"人心"是什么？

对企业管理者来说，一方面是客户的认可，另一方面是团队的凝聚力。

现代管理学之父彼得·德鲁克说："企业存在的唯一目的，是创造顾客。"

美国营销战略家杰克·特劳特认为，创造顾客的关键，是通过精准定位，获得顾客心智的认同。

定位理论认为，无论企业把产品做得多好，如果不能在顾客心智中建立品牌，所投入的就只是成本，无法转化为绩效。如此说来，夺取顾客的心智资源，是企业经营的起点、方向和终极目标。

注意，企业核心团队的凝聚力和运行效率，往往决定了其战略思想能否落地、战略优势能否成功打造，有时候，即使企业高层制定了平庸的战略，一支富有活力的团队也可能推动、弥补和挽救战略优势。

9.2.3 确定生态位，打造独特优势

在数字化时代，管理者应该如何为企业进行战略定位呢？

"生态位"这个概念，可以用来指引管理者确定企业在产业生态中的合适位置。

在非洲大草原上，地上霸主有大象、犀牛、狮子、鬣狗等，水中霸主有河马、鳄鱼、蟒蛇等，树上有狒狒，各自守护着属于自己的领地和资源，生态位置和生存方式各不相同。

有没有一种动物，既不用跟其他食肉动物争抢猎物，又善于保护自己的生命安全，还能站在地上吃到大树顶部鲜嫩多汁的树叶呢？

有啊，长颈鹿不就完美符合上述条件，占据了独一无二的生态位吗？

回到经营管理实践中，数字化时代，企业间的战略之争主要是对生态位的竞争，即为自己选择合适的生态位，并以其为核心打造独特优势。

生态位定位方法和传统定位方法是有区别的，比如，如果用传统定位理论去剖析美团的战略，大家会发现它既搞外卖，又送花、送菜、维修、跑腿……似乎与传统定位理论的品类聚焦原则相矛盾，微信的生态体系更是如此。

可是，美团、微信都发展得风生水起，想来想去，也许可以尝试用生态位定位理论做出解释。

如何判断一个企业的生态位是不是好的、真正的生态位呢？

商业思想家罗杰·马丁提出了一种简便的衡量方法，即看看企业战略定位的反面，是不是也是一种好的、真正的战略定位。

比如，经常听到有些管理者这样说："我们的核心战略，是为客户提供最优质的产品和服务。"

说实话，这算不上是真正的战略，因为它的反面——为客户提供最差的产品和服务不是可行的战略，没有任何一家企业会如此定位。

好的战略，其反面也应该是一种战略选择。

比如，苹果的战略定位是"打造一个封闭生态系统"，其反面——打造一个开

放生态系统——也是一种战略定位。

这不就是安卓的选择吗？

为什么要如此重视战略定位的反面战略定位呢？

这是因为，如果某战略定位有好的反面战略定位，那说明选择该战略定位的企业必须放弃其反面战略定位的所有优势，集中全部资源去建立自身的优势壁垒。

这是一个倒逼企业管理者去思考、判断、下定决心的过程，这是一条舍弃与选择、确立自身核心优势的必经之路。

9.2.4　聚焦核心战略要素，成长破局

"力出一孔，利出一孔"，任正非的这一观点，被无数人从不同角度反复论证，但有多少人能真正做到呢？

10多年前，国内共有5000余家团购网站，彼此之间激烈竞争的局面被称为"千团大战"。那时候，不少团购网站手握巨额融资，现在一家独大的美团，当时在资金方面并没有优势。

管理学上有一种被称为"两难困境"的局面：不烧钱，等死；烧钱，如果烧没了，马上死！常见于行业的快速成长期。

美团创始人兼CEO王兴做了些什么事情，来摆脱这种两难困境呢？

他给美团的各种经营要素排了个顺序。

在客户方面，C端用户（消费者）和B端商户（餐厅等）哪个应该被优先考虑呢？在营销推广方面，电视广告、电梯广告、线上广告……哪个更重要呢？拉动供应链上的各商户接入平台时，采取广告方式、地推方式，还是其他方式呢？

经过深思熟虑，王兴对这些要素的排序如下。

从经营效率看，C端用户比B端商户重要，所以用户第一、商户第二；从用户推广的烧钱性价比看，线上广告的性价比高于线下广告的性价比；从商户获取效率看，地推效率远高于广告效率。

为要素做了重要性排序后，王兴做出了两个事后看来无比正确的战略决策。

第一，针对用户（消费者），在线上广告中投入大量资金，甚至把竞争对手的关键词也买了下来。竞争对手在电视、电梯、户外等线下媒体上大肆烧钱，没想到用户去线上一搜索，被大量地转到美团的网页中。

第二，有了用户流量基础后，美团组织起针对餐厅等商户的地推铁军，靠着无敌的执行力，将大量商户引导到美团平台上，并依靠合理的利益分享机制和骑手服务队伍，把商户留了下来。

从这个角度看，战略是什么？

战略是给各种经营要素排序，选择最有价值的点，投入优势资源，以全力破局，塑造企业在行业内的优势地位。

9.3 | 目标管理：
用 OKR 改善个人绩效

目标管理这一概念，早在 1954 年就由现代管理学之父彼得·德鲁克提出。

德鲁克认为，对于企业管理来说，并不是先有工作，再有目标，而是恰恰相反，先明确目标，再确定每个人的工作。如果一个工作领域内没有明确的目标，那么，这个工作领域内的工作必然被忽视。

对于个人成长来说，也遵循同样的规律。正所谓"人无远虑，必有近忧"，今天的生活状态不由今天决定，它是过去长时间目标管理的结果。

在实际的目标管理过程中，有很多工具可以选用。本节主要介绍近几年很流行的 OKR（Objectives and Key Results，目标与关键成果法），看看到底如何使用，才能改进工作效率、提升个人绩效。

9.3.1 为什么 OKR 经常被吐槽？

近十年来，OKR 在中国掀起了一股热潮，但随着越来越多的公司推行 OKR，OKR 获得的"吐槽"也越来越多。据我观察，主要"槽点"有以下几类。

第一类，OKR 的创新性被掩盖。

公司把 OKR 搞成了变形的 KPI（Key Performance Indicator，关键绩效指标），而且是集合了两者缺点的"中华田园 KPI"。

很多员工对此感到无比困惑，不是说 OKR 鼓励创新，让员工自主工作、自由创造吗？我们公司怎么把工作变得更内卷了呢？

如果推行 OKR 时，领导没搞明白 OKR 的应用目标、适用范围，那推行是不可能取得成功的，因为从源头上就已经错了！

第二类，目标设定不合理。

目标是老板说了算，OKR 有什么用？

从上到下，指标一层比一层高，季度复盘时，不超额完成目标值的 120%，就算失败，这是什么 OKR？

这都是目标制定惹的祸。

在谷歌等标杆企业，推行 OKR 的目的是鼓励新业务开拓中的"挑战文化"。从这个目的出发，OKR 的目标完成评估分以 0.6~0.7 为佳，得分高于 0.7，意味着目标设定的挑战性不足。

一味强调目标的超额完成率，便失去了推行 OKR 的初心。

第三类，应用领域和场景错误。

传统企业的销售部、生产部都推行 OKR，不伦不类！生产部是按需定产，需要什么创新目标啊？

每周复盘会？平时已经够忙的了，现在每周准备复盘会的数据需要至少一天，烦死了！

一般来说，互联网企业和科技创新公司推行 OKR 更易见效，传统企业应慎用，因为持续创新的产品、高素质的员工、宽松的文化，这些推行条件是传统企业很难具备的。

9.3.2　如何理解和使用 OKR？

OKR 是一套明确和跟踪目标及目标完成情况的管理工具和方法，由英特尔公司创始人安迪·葛洛夫发明，由约翰·道尔引入谷歌。1999 年后，OKR 在谷歌获得奇效，并在 Facebook、领英等企业中广泛使用。

几年后，OKR 传入中国，百度、华为、字节跳动等企业，都逐渐开始推行和推广 OKR。

那么，OKR 究竟是什么呢？

OKR 的指向性非常强，打一个比方，可以设想"O"是目的地，"KR"是从起点到终点的路途中所经过的路标和里程碑。

团队要去哪里？怎么到达那里？有哪些必经之路？怎么知道自己正朝着目标迈进，而不是偏离了目标？OKR 能帮助团队和个人透过复杂的表象，看清前进的方向，排除日常琐碎事务的干扰，集中精力实现目标。

具体而言，O 和 KR 应该如何界定呢？

目标 O，应该是重要的、具体的，具有行动导向并且能鼓舞人心。

关键结果 KR，应该是具体的、有时限的、具有挑战性的，同时必须可实现、可衡量、可验证。

正如《商业周刊》发布的"创新产业 25 位领军人物"之一玛丽莎·梅耶尔所说，如果没有一个具体数字可以用来衡量结果，那么该结果就不能算是一个关键结果。

9.3.3　OKR 如何在企业中落地？

美国风险投资家约翰·杜尔说，OKR 适合所有企业。

但是，有效推行 OKR 需要一些条件，比如员工有较高的自驱性、企业环境平等包容、高层理解并支持等。

世界领先的商业战略咨询机构波士顿咨询公司的一项调研结果显示，81% 的中国员工每年会在提升技能方面投入大量时间，70% 的中国员工愿意为新工作重塑技能，比例远超全球平均水平。由此可见，中国员工的自驱力有助于企业推行 OKR。

但从组织环境看，很多中国企业需要更加扁平的组织结构和更加包容的企业文化，来辅助使用 OKR 提高组织效率。

在企业管理中推行 OKR，有以下几个原则值得关注。

第一，内部信息透明。OKR 内容确定后，要面向组织内部完全公开，以保证透明度和公平性。这样做会降低沟通成本，每个人都知道其他人在做什么，大家目标一致时，企业文化认同感和信任感更强。

第二，不要把 OKR 当成单一绩效考核工具。面对新机会时，企业目标及关键结果的实现是充满变数的，OKR 最好与绩效考核分离，以便团队、员工在实施过程中持续更新 KR，确保 KR 始终服务于 O。

第三，O 和 KR 的指标不要太多，2~5 个即可。要根据优先级选取最重要的指标，以便把资源投入最有价值的地方。

第四，倡导自下而上的目标制定方法。推行 OKR 应重视员工的能动性、创造性，目标制定自下而上，能提高员工的自我驱动力。

9.3.4　如何使用 OKR 实现个人成长？

职场新人李飞，希望在 3 年内成为部门经理。

这是一个相对长期的目标（O），需要分解到每一年、每一季度、每个月的目标、计划中，以明确关键结果（KR），即重点做什么，先做哪些事，后做哪些事，如何通过将目标落实到每天的行动中，确保目标的实现。

那么，具体应该怎么做呢？

首先，把"成为部门经理"这个 3 年目标分解成每一年的子目标，分别是成为项目主管、项目经理、部门经理。

然后，继续分解，先分解为季度子目标和关键结果，再分解到每个月。

最后，列出便于执行的行动方案，见表 9-1。

表 9-1　目标分解和关键结果推导

目标（O）	3 年目标：成为部门经理	1 年目标：成为项目主管	具体目标和行动方案
关键结果（KR）	第一年高质量完成 3 个创新项目，成为项目主管	主动承接公司创新项目 3 个以上	落实 WBS 工作分解和计划，使用关键线路管理工具，提升项目的时间效率 15%

续表

目标 （O）	3年目标： 成为部门经理	1年目标： 成为项目主管	具体目标和行动方案
关键 结果 （KR）	第二年高质量完成2个跨团队项目，成为项目经理	确保项目按时、按质完成，并成本控制良好	提前与相关人员沟通，保证资源配置到位，并统筹资源以降低项目整体开发成本10%
	第三年绩效考核达到"优秀"，晋升为部门经理	向公司内部的前辈学习，掌握项目管理的核心技能	使用FTA质量管理工具，把项目故障率控制在1%以下
	每年参加2门管理课程，提升管理能力	拿下PMP项目管理证书	报名参加PMP管理培训班

表9-1中的内容，是李飞可以执行的3年目标分解及关键结果推导，只有逐步执行行动方案，取得计划中的关键结果，才能确保最终目标的实现。

需要注意的是，不管是企业还是个人，设定目标之后，很多时候，通往目标的路径或者关键结果是灵活多变的。

要知道，KR是服务于O的，如果发现KR偏离了O，需要及时在实践中进行修正和完善，让它们始终服务于原本的O。只有这样，才能够根据实际情况，灵活选择最佳的运转节奏。

9.4 | 文化管理：
高手都重视"经营人心"

哈佛商学院终身教授约翰·科特带领研究团队，用了 11 年时间，追踪研究企业文化对经营业绩的影响。研究结果表明，重视文化建设的企业，经营业绩远远胜于不重视企业文化的企业。

那么，企业文化的本质是什么？优秀的企业文化，应该如何打造呢？

9.4.1　超一流企业卖文化

企业卖的是什么？是产品、服务、技术，还是商业模式、品牌、标准？

海尔集团创始人张瑞敏表示，海尔的成功，是观念和思维方式的成功；企业发展的灵魂是企业文化，而企业文化最核心的内容是价值观。

华为技术有限公司董事、CEO 任正非持有类似的观点，他非常重视企业文化建设，闻名遐迩的"华为基本法"，就是华为持续成长的文化纲领和精神内核。

从这个角度看，超一流企业是在卖文化。

出类拔萃的文化建设，能使企业拥有良好的知名度和美誉度，成为有影响力的价值标杆，这会为企业带来长久的品牌声誉和价值巨大的无形资产。

2021 年，河南省遭遇特大洪水灾害时，鸿星尔克因为捐助了 5000 万元物资，被广大中国网友称为"国货良心"，其网店多次被网友自发地抢购一空。

而可口可乐之父阿萨·坎德勒说过一句流传甚广的名言：就算大火在一夜之间把可口可乐的工厂全部烧光，第二天我就能再造一个可口可乐！

这些案例，都说明了企业文化和品牌声誉的重要性。那么，归根结底，文化究竟是什么？

9.4.2　文化是潜移默化的氛围和习惯

讲一个笑话。

有一位去英国留学的中国男青年，谈了一位英国姑娘做女朋友。有一天，两人约会外出，在十字路口碰到红灯。小伙子看路口两侧没有车辆驶来，便习惯性地拉起姑娘的手，闯着红灯走过了十字路口。

没想到回去后，姑娘就跟他分手了。小伙子追问原因，姑娘说："你竟然敢闯红灯，那还有什么事情是你不敢做的？"

小伙子很郁闷。几个月后，小伙子回国度假，有人给他介绍了一位中国女朋友。两人某天约会外出，在十字路口碰到红灯，姑娘看四周没车，便要拉着小伙子过马路，小伙子回忆起在英国的遭遇，急忙拉住姑娘。

没想到回去后，这个姑娘也跟他分手了。小伙子追问原因，姑娘说："你竟然连红灯都不敢闯，哪有魄力做大事？"

小伙子感到非常茫然。

文化，是大家习以为常的氛围，是跟规则、制度、法律不完全一致的内容。

从这个角度说，企业文化是什么？企业文化是一种氛围和习惯，是我们在一个组织内部经常看到的那些习以为常的东西。

因此，企业应该围绕核心理念，构建成熟的价值观传递系统，在管理者和员工之间培养类似的行为习惯，从而减少沟通障碍，建成共同的语言体系和行为体系。

9.4.3　文化是从他律到自律的行为规范

企业管理体系的构建，应该遵循"上合德，中合理，下合法"的原则。

"下合法"，是说组织中的所有员工，都应该遵守基本的规章制度，这是成为合格员工的底线。不过，如果某员工只做到这一点就停步不前，那么，该员工恐怕很难有机会成为优秀员工或管理者。

　　"中合理"，是说中层管理者应该熟练掌握各种管理工具，在高层管理者的战略目标和基层员工的底线行为之间搭建沟通的桥梁，让组织高效运转。做一个类比，舞龙时的"龙腰"很重要，它在龙头和龙身之间起关键的支撑、衔接作用，同样地，中层管理者就像是企业的"龙腰"，是承上启下、协调左右、带领团队冲锋陷阵的关键角色。

　　"上合德"，是说企业的高层管理者不但要恪守职责、精于管理，还要完全认同企业的核心价值观，并与其保持高度一致。在企业中，如果一名高层管理者能力很强但道德水平很差，或者不认同企业的核心价值观，对企业造成的伤害是隐性但巨大的。

　　值得注意的是，文化虽然有约束力，但与有强制性的制度不同，制度强制人达到最低标准，文化则引导人达到最高标准，企业需要针对不同层次的员工，构建分层分类的文化体系。

　　企业文化建设的目的之一是通过精心设计价值观体系，形成明确的文化纲领和行为规范，引导全体管理者和员工遵守和传播。

　　这是一个从制度到文化、从他律到自律的过程。

9.4.4　文化是指明方向的心理契约

　　企业文化很重要，但多数企业的文化建设缺乏针对性和有效性。"秀才写在纸上，领导讲在嘴上，下属贴在墙上，风一刮掉在地上"，这是很多企业的文化建设的真实写照。

　　企业文化的虚化现象很常见，比如，文化理念停留在口号上、考核制度不能带来自律的员工行为、管理者的核心价值观不统一……这如同人们在黑夜里赶路，因为缺少指明方向的灯塔，所有人都是摸黑前行、自行其道。

　　具化到管理实践中，就是员工都抱着"打工心态"，当一天和尚撞一天钟。企业和员工无法成为利益共同体，无法从利益共同体上升为事业共同体，更不用说成为命运共同体了。

从这个角度讲，企业文化是什么？企业文化是心理契约，是指明组织前进方向的灯塔。

心理契约的缺失，会导致企业的制度成本急剧增加，即企业只能依靠劳动合同等法律契约来规范员工行为。

一个人在黑暗中走路，如果前面有灯塔指引方向，再远，也能走下去，但如果前面伸手不见五指，什么都看不见，可能走几百米就坚持不住了。

优秀文化能够给员工以希望，给工作以意义。从企业与人才的关系看，文化是土壤，人才是种子，没有良好的土壤，再好的种子也难以茁壮成长。

9.4.5 四步建设优秀的企业文化

企业文化建设有 4 个根本目的，如下。

权力智慧化，即将企业家的意志思想，转变为成文的价值观体系；

理念原则化，即将企业的价值观理念，转变为处理重大关系的原则；

行为规范化，即通过政策宣贯培训，让员工理解和执行；

形象社会化，即通过员工的模范行为，在客户、大众心中建立良好的形象。

从上述 4 个根本目的出发，可以总结出企业文化建设的 4 个步骤。

第一步，塑造经营理念。

经营理念是企业家的信念、信条与理想，是企业行为的方针、纲领和基准。

正如一个政党有党章、一个国家有宪法、一个家庭有祖训，经营理念是企业全体成员的精神依托，是企业独特文化个性的集中体现。

恰如《华为基本法》这一文化纲领在华为技术有限公司中起到了巨大的作用，所有企业都应该明确经营理念，以使其成为文化体系建设的基础与前提。

第二步，树立模范行为。

树立符合企业经营理念的模范行为对企业来说至关重要，尤其是企业家和管理层的行为，一定要与企业的经营理念吻合。

海尔集团在这方面做得极佳。首先，海尔集团明确企业的产品质量理念，即"有缺陷的产品就是废品"；然后，创始人张瑞敏通过具有里程碑意义的"砸冰箱"事件，给员工以震撼冲击和彻底反思，激发所有员工的精神力量；最后，海尔集团通过广泛的媒体报道，逐渐在顾客心目中塑造出"顾客是上帝，质量是生命"的良好社会形象。

第三步，进行教化认同。

对企业文化而言，仅有言行示范是不够的，它必须被所有员工认同，并且铭记在心里，融化在行为中。

其实，"文化"二字，关键不在于"文"，而在于"化"，即通过培训、教化，把模范行为推广为全体员工普遍认同的行为规范。

第四步，维护组织风土。

优秀企业文化的形成和长期维系，必须建立在组织风土上。只有有科学的管理机制加持，才能保证企业文化不会随着时间的流逝而弱化，不会随着上传下达的层层削弱而被曲解或异化变形。

9.5 创造顾客：
打造强悍的销售铁军团队

企业的本质是营利性组织，良好的业绩是企业的基本生命线。从这个角度看，高效的销售团队建设，对企业的生存而言至关重要。

面对残酷的市场竞争时，企业能否成功打造一支战无不胜的销售铁军团队，是对核心管理层的终极考验，这在华为、阿里巴巴、美团等企业身上体现得淋漓尽致。

9.5.1 建设销售铁军，创造并满足顾客需求

企业存在的唯一目的，是创造顾客。现代管理学之父彼得·德鲁克的这句论断，我们已经耳熟能详。

顾客是企业生存的基础，创造顾客必须满足顾客的需求，甚至是创造顾客的需求，以契合他们需要的价值。要做到这一点，除了要有出色的产品和服务，企业还要有一支强悍的销售铁军团队，来支撑其成长野心。

任正非说过，发展企业的市场销售团队，就是发展一批"狼"。

狼有3个特点，一是有敏锐的嗅觉，二是有不屈不挠、奋不顾身的进攻精神，三是善于群体作战。企业要进行市场扩张，需要依靠这3个特点。

马云也说过类似的话，大意是在阿里体系中，如果要毁掉阿里文化，一定是从毁掉阿里销售铁军开始。

华为、阿里、美团等企业，对于打造销售铁军团队极为看重。只要涉及渠道和B端客户，铁军式的销售团队就必不可少，在目前竞争空前激烈的市场环境中更是如此。

要想完成具有挑战性的销售目标，打造销售铁军团队，需要按照团队销售落地

的五步法来持续优化执行，接下来分步骤详细介绍。

9.5.2　锁定牵头人，明确责任

我给某公司担任管理顾问时，曾遇到如下一件事。

某年度第四季度，该公司做下一年度的经营计划和预算时，总公司给某省销售分公司分配了 5000 万元的任务指标。这个指标同比提高了 60%，分公司各销售经理都抱怨任务指标太高，很难完成，一起找分公司销售总监抗议。

分公司销售总监并不着急，说："这个指标怎么就一定完不成呢？如果你们各部门都能在今年销售额的基础上增长 20%，其他的新增目标额度，我通过自己的客户资源联系，你们去追踪落实，咱们加起来，完成任务没什么难度！"

销售经理们一盘算，发现这样一来，自己增加的任务指标是可以接受的，于是，总公司下发的销售预算方案很快就通过了。

转年初，销售总监如约把他原有的客户资源都转介绍给了各部门的销售经理，自己去开拓新的大客户。但没想到，在新的市场环境下，客户大多很谨慎，不想冒险更换供应商。

这就造成了难堪的局面，半年业绩总结时，大家发现该分公司各销售经理承担的指标基本上完成了，但是销售总监主动承担的指标完成率很低，使得整体指标完成率不达标，分公司的绩效奖金接近于零。于是，几乎所有销售人员都在抱怨，认为总监无能，拖累了大家的业绩和奖金。

案例中的问题主要出在哪里呢？

在团队合作中，一定要防止出现"责任稀释"现象，因为"责任 /1=100，责任 /2=0"。

一项任务，一个人牵头负责，责任清晰；两个人甚至多人负责，很可能会出现没人负责，或者责任被实际弱化的局面。

案例中的销售总监就犯了这个错误，他本来想通过自己和下属共担责任，帮助下属完成任务，没想到"猴子跳到领导背上"，完成销售目标竟然变成了自己的责任。

为什么在销售管理过程中，如此强调职责划分的重要性和明确牵头人的重要性呢？

"三个和尚没水吃"的故事大家应该不陌生，即"一个和尚挑水吃，两个和尚抬水吃，三个和尚没水吃"。

法国工程师马克西米利安·林格曼在拔河实验中发现了类似现象——当参与拔河的单边选手从 1 个人逐渐增加为一群人时，随着人数增加，每个人用的力量在减少。

具体而言，当单边拔河选手增加为 5 个人时，力量仅相当于单人拔河时 3.5 个人的总和；当增加为 10 个人时，力量竟然仅相当于单人拔河时 5 个人的总和。

这一现象被称为"林格曼效应"，也叫"社会性逃逸现象"。

之所以出现这种现象，是因为一个人拔河时，没有其他人可以依靠，只能自己拼尽全力；而随着人数逐渐增加，责任分散了，人会本能地产生惰性和依赖心理。

市场销售是强调目标成果的工作，管理者需要通过管理下属来拿成果，不能把业绩指标都揽在自己身上，或者希望多人共担一项责任，否则容易变成救火队员，疲于奔命却不一定能完成任务不说，还难以调动下属、团队的潜能和积极性。

9.5.3 明确业绩成果和激励措施

锁定每项销售任务的牵头人并明确责任之后，第二步是明确业绩成果和激励措施。

重视市场销售的公司，基本上每年度、半年度、季度、月度之初，都会组织销售动员大会，总结上一阶段的销售业绩完成情况，并激励团队在下一阶段向更高的销售目标冲刺。

为什么要做这些事情？

因为他们深信，领导引导状态，状态生发自信，自信提升能量，能量决定成果。

这一管理原则，在销售工作中体现得尤为明显。可以说，销售管理工作的效率，与员工的能量状态息息相关。

没有成果文化的公司是愚蠢的公司，无法激发员工状态的管理者是无能的管理者，不能把员工工作与企业愿景融为一体的管理体系是无效的管理体系。

高效成果文化的构建，需要 3 个基础条件，一是销售工作有明确的时间节点，二是销售目标必须可量化并具有挑战性，三是激励措施要能彻底激发员工的状态和能量。

有效的激励措施，除了精神激励，还有物质激励。

很多公司的销售激励制度是阶梯式的，比如一个月完成 100 万元任务，按 2% 的比例提成；超过 100 万元，按 3% 的比例提成。这个制度看起来很合理，多劳多得，但问题在于，有可能出现一个员工某月业绩完成得好，拿了很高的奖金，次月，因为某些原因，前半个月业绩很差，一想到上个月拿了不少奖金，这个月不太可能完成任务，便决定"算了，这个月怎么都完不成了，歇一下，把能成交的单子放到下个月吧，争取下个月再多拿点奖金"的情况。

如此一来，势必造成业绩波动，对公司业绩的稳定增长不利。有些公司的解决方法是换用"金银铜牌激励制度"，即根据本月业绩排名，确定员工牌级和次月的销售提成比例，这样的话，不管本月的销售任务能不能达标，每个人都会拼命冲刺，希望为下个月争取更高的提成比例。

管理者的任何行动，都应该以目标结果为导向，通过精神激励和物质激励，向团队和市场要效益。

9.5.4　达成共识，公开承诺

"敢于胜利才能善于胜利""严抓过程，狠拿结果""早启动，晚分享，中间抓陪访"……这是华为、阿里等公司的销售铁军团队所坚持的销售管理原则。

阿里销售团队每天早上都要开早会，明确每个人当天要做什么事情，要取得什么成果；每天下班前都要做分享，团队交流当天的经验、教训；此外，管理者会定期跟随员工拜访客户，以辅导员工出业绩。

年度销售启动大会、季度动员大会、月度业绩冲刺会、每日早会……这些公司为什么要开这么多会议，公开发布团队和个人的业绩完成情况，并且进行公开承诺、业绩 PK 呢？

团队和个人的业绩目标，一定要在上下级之间、团队成员之间公开、透明，并最好让员工面对所有成员公开承诺，这是高效销售团队建设的第三步。

员工公开承诺的目标，需要有量化成果、具体达成期限等内容，此外，奖惩措施等内容，应全员知晓。

当众承诺是塑造团队的最好机会之一，前提是承诺要到位，执行要坚决。只有这样做，才能在公司内部塑造具有高认同度的文化、培养具有强执行力的人，以及不断完善具有良好发展前景的运行机制。

9.5.5　制定执行措施和检查程序

高效销售团队建设的第四步，是制定标准的执行措施和检查程序（作业手册和流程），激活整个团队的效率和人才培养体系。这样，团队的整体水平会得到极大的提升，公司能够摆脱对能人的依赖，打造真正的组织核心力。

强调激励原则是销售管理的重要导向，另外一个重要导向是确定所有人不能触碰的底线。比如，阿里有"高压线"规则，即明确所有员工都不能触碰的雷区，碰了必须处罚。

注意，在销售工作的执行过程中，检查和改进必不可少。没有检查，就无法确保所有人都遵守制度，全力追求业绩。检查可以让成果提前，自我退后。而且，需要注意，检查工作要有针对性和科学性。

那么，作为管理者，要检查下属的工作时，面对一个你非常信任的员工，和一个你不太信任的员工，在时间有限的情况下，应该先检查哪一个？

建议从信任的员工开始检查。要知道，长期不被检查且受信任，可能会导致优秀员工骄纵、懒惰，甚至做出对不起公司的事情！

二八法则告诉我们，20% 的员工创造 80% 的业绩，所以，要多检查那 20% 的员工。

检查过程中，如果发现了违规现象，甚至发现了触碰公司制度雷区的情况，一定要确保制度严格执行，否则团队效率会大受影响。

比如，阿里有一个区域经理，因为多报销了 100 元车费，查实后被辞退；有一个优秀销售员，为了陪妻子做孕检而谎报拜访客户数，被辞退；有一个女员工在怀孕期间进行数据造假，被调岗……

虽然管理者辞退这些员工时心里非常难受，但是如果对这些违规行为视而不见，就会像"破窗理论"所讲的那样，损害整个体系的运行。

把牵头人的"责任高线"和所有员工的"雷区底线"结合，才有可能打造出无往不胜的销售铁军团队。

9.5.6　及时奖惩，深度复盘

高效销售团队建设的第五步，是管理者要及时对业绩出色的员工进行奖励，让员工知道正确的行为能够得到回报，以激励员工努力实现更多的目标；与此同时，对于错误的行为，要及时进行惩罚，这样才能发挥激励和约束的一致作用。

值得注意的是，奖励和惩罚的基本原则和目标导向，需要事先进行周密设计和反复验证，因为不当的激励措施和奖惩手段，可能会带来与管理者初衷完全相反的结果。

实际工作中，管理者需要特别注意一个原则，即奖励时由下至上，惩罚时由上至下。因为只有管理者身先士卒，为下属做出表率，团队才能形成上下一致的向心力。

另外，销售周期结束时，需要进行深度复盘，这是打造销售铁军团队至关重要的一环。为什么呢？要知道，一流的销售管理者需要具备 3 个条件，其一，具有做销售的敏锐性；其二，见过好的体系；其三，建设过好的体系。前者属于个人天赋，后两者主要来自经验和学习。

深度复盘，正是培养销售管理干部，助其总结经验并不断提升的有效方法。

9.6 | 项目管理：
项目的全过程动态优化

自 2006 年起，我连续多年在北京大学软件与微电子学院管理技术系（现金融信息和工程管理系）主讲名为"IT 项目管理"的课程。在教学研究和管理实践中，我总结出项目管理 5 个阶段的常用方法，介绍如下。

与一般的企业管理工作相比，项目管理具有 3 个典型特征。

第一，临时性。任何一个项目，不管历时多久（也许是一周，也许是 10 年），都有明确的开始时间和结束时间。

第二，独特性。如同世界上没有两个完全一样的人，也没有两片完全一样的树叶，世界上没有两个完全相同的项目。

第三，渐进明细性。随着时间的推移、情况的明朗和信息的增加，项目任务和工作流程需要逐渐明确、细化。

一般来讲，项目管理过程可以分成 5 个阶段，分别为启动、规划、执行、控制、收尾。那么，每个阶段的核心问题和管理方法分别是什么呢？本节详细介绍。

9.6.1　项目启动阶段：需求目标化

项目管理是以目标为导向、以人为中心、以成果为标准，从而使项目取得成功的管理方法。在项目启动阶段，需要着重解决以下 3 个问题。

第一，明确以项目经理为核心的项目团队和项目的核心干系人。

对于项目管理来说，一位优秀的项目经理至关重要。项目经理岗是中间层岗位，项目经理周边围绕着各种项目相关方，因此，项目经理不但要懂技术和产品，还要有极强的沟通能力。

项目经理周边的项目相关方，主要包括需求方代表、项目发起人、公司领导、项目团队成员、职能部门经理、合作伙伴、项目管理办公室负责人，以及其他项目干系人。

对于不同的项目相关方，项目经理应该采用不同的管理和沟通策略，如图 9-1 所示。

在图 9-1 中的四个象限中，最值得关注的是权利高、利益高的项目相关方，如需求方代表、项目发起人、公司领导、项目核心成员等项目干系人，他们的需求能否得到充分满足，是项目成败的关键。

图 9-1　面对不同项目相关方的分类管理和沟通策略

对于其他项目相关方和干系人，项目经理可以根据权利、利益的高低，进行适当的管理和沟通。

第二，确定项目的整体目标和涵盖范围、工作内容。

确定项目目标时，我们常以 SMART 原则为通用标准。

SMART 原则的 5 个维度分别是具体性（Specific）、可衡量性（Measurable）、可实现性（Attainable）、相关性（Relevant）、时限性（Time-bound）。

确定项目目标后，接下来需要明确的是项目的涵盖范围和工作内容。

第三，识别并确定项目的关键节点和里程碑事件。

在项目启动阶段，确定项目目标后，项目管理团队需要与高层领导、需求方等主要项目相关方一起，预设主要的项目关键节点和里程碑事件，并根据核心项目相关方要求和环境情况，进行职责分工和目标粗分解。

9.6.2 项目规划阶段：目标任务化

在项目规划阶段，需要制定全面的、可贯穿项目全过程的详细执行方案，并针对每一个关键节点和任务，设置截止日期、成本预算和质量要求。

要完成上述工作，需要将整体目标分解为可执行的子目标，并与可落地的行动方案配合，以保证按时、按质、按量地完成任务。

在项目规划阶段进行目标和任务分解时，经常需要用到 WBS（Work Breakdown Structure，工作结构分解法）。

WBS 是由项目目标关联到任务，先把任务分解为工作清单，再把工作清单明确为日常活动，最后交由项目成员各自负责的过程。

WBS 是制定项目工作计划的核心，是相匹配的时间进度计划、资源需求计划、成本预算计划、风险管理计划和采购计划的制订前提，也是控制项目范围变更、明确和调整项目需求的重要基础。

那么，如何检验 WBS 分解过程的科学性呢？可以借鉴一个常用的检验标准——MECE 法则，即"相互独立，完全穷尽"。

9.6.3 项目执行阶段：任务流程化

项目执行阶段的核心议题是执行力的高低，执行力的高低主要受 3 个因素影响，分别是具有执行力的文化、具有执行力的人、有效的流程。

文化和人，需要在任何一个组织和项目中被重视。形成健康的团队文化，营造公平、公正、公开的团队氛围，都是提升执行力的可选方式。

值得注意的是，所有项目都具有临时性，不像公司，有长期的团队建设和文化价值观塑造过程。提升项目执行力的最佳选择，是围绕确定的目标任务，打造高效的工作流程。

在成熟的公司里，项目管理标准有两个文件可以参考，一个是以战略目标和项目目标为指引的"红皮书"——目标任务书，另一个是以专业管理流程和专业技术流程为主体的"蓝皮书"——标准作业流程手册。

大家需要记住 SOP（Standard Operating Procedure，标准作业流程）这个概念，指某一项目或任务中，以统一格式描述的标准操作步骤和要求，用来指导和规范日常工作。

9.6.4　项目全程控制：流程可视化

项目的监测和控制，是贯穿项目管理全程的行为。一旦发现问题，必须及时对计划内容和项目时间表进行调整，以保证项目顺利推进。

对于项目而言，工作流程可视化，可以客观反映项目的运行、管理状况。

选择合适的项目管理工具，可以让管理通过数据、图表清晰展示，以减少项目成员之间不必要的交流沟通，节省所有人员的工作量和精力，并全面控制项目风险、提升项目管理效率。

目前，有很多项目管理工具可以使用，比如通过绘制甘特图等方式，展示项目的进展过程，并根据实际情况调整项目周期、开始/结束日期、关键线路等。

9.6.5　项目收尾阶段：输出成果化

在项目管理的收尾阶段，并不是简单地写一份报告，或者给出一份数据统计表即可。项目经理应记录所有交付成果，并高质量地移交给客户或项目相关方。

在项目全生命周期的启动、规划、执行、监控、收尾五大过程中，所有过程的管理应该是一个 PDCA 闭环循环。

PDCA 闭环循环包括 4 个阶段，分别为 Plan（计划）、Do（执行）、Check（检查）、Act（处理与改进）。

在项目全生命周期内，每个环节及步骤都可以用 PDCA 闭环循环方法进行管理，且每一次循环，都应该相较于前一次循环有所进步。

使用科学、专业的项目管理工具，将项目管理结构化、信息化、数字化、图表化、成果化，可以使项目管理更高效，且使输出的成果更具影响力。

10
CHAPTER

第 10 章

企业指数级增长：
创业者如何持续获得成功？

　　本书自序中提到，2023 年 6 月，《哈佛商业评论》（中文版）发表了我的一篇研究论文，题目为《经营扩张＋管理创新：初创企业的七步螺旋式成长路径》。因为这篇研究论文在经营管理方面有诸多创新之处，我获得了该杂志授予的"明星创作者"称号，并在 2023 年 10 月获得了该杂志颁发的"年度优秀作者奖"。

　　本章以上述论文为基础，讨论创业者和管理者要做对哪些事情，才能够让企业获得指数级增长。

　　企业成长与生物组织成长有类似之处，多数创业企业很难长大，会随着外部市场的动荡而生发消亡，只有一部分拥有持续成长机制的企业，能经受住行业周期波动的残酷考验。

　　这些生命力顽强的企业，走的是经营扩张和管理创新的七步螺旋式成长路径，本章详细讲解。

10.1 | 指数级增长：
创业企业的七步螺旋式成长路径

企业寿命周期理论认为，和生物组织一样，企业也有从创立到消亡的周期，一般可以划分为初创期、成长期、成熟期、衰退期 4 个阶段。

据韦恩·哈尼什研究，美国大约有 2800 万家公司，其中只有 4% 的公司年收入达到 100 万美元，约 0.4% 的公司，年收入达到 1000 万美元，而年收入达到 5000 万美元、5 亿美元、50 亿美元的公司，分别仅有 1.7 万家、2500 家、500 家。

中国企业的发展也呈现类似的规律。截至 2021 年 8 月，中国存续营业的企业有 4300 余万家，98.5% 为中小企业，其中，"独角兽"公司为 312 家（参见胡润研究院 2022 年 6 月数据）。

根据佩珀代因大学商学院教授克里斯托弗·G·沃利等人的调查，美国初创公司的平均预期寿命约为 6 年，而据中国企业联合会刘兴国的研究，中国民营企业的平均寿命为 3.7 年，中小企业的平均寿命仅为 2.5 年。

上述数据说明，在初创期、成长期、成熟期、衰退期 4 个阶段中，绝大部分企业活不过初创期，而度过初创期的幸运儿，大多会倒在成长期。创业企业要想突破这一规律，长期保持指数级增长，要在经营管理创新方面面对极大的挑战。

10.1.1　创业企业的类型与成长路径

一家企业创立后，靠什么度过初创期，成功步入成长期？步入成长期的创业企业，在遇到销量增速下降的困境或者产业化应用方面的难题时，应该依靠什么来破局？

从市场与技术两个维度出发，本文将创业企业分为 4 种类型，研究其得以成长为行业领军企业的基本路径，如图 10-1 所示。

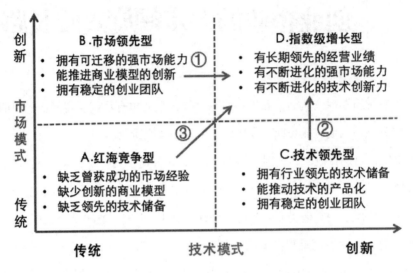

图 10-1　创业企业的 4 种类型及其成长路径

从市场模式、技术模式两个角度入手分析，我们可以看到 4 种类型的创业企业。

左下角的 A 类企业为红海竞争型创业企业，由于市场模式、技术模式均缺乏创新，市场能力和技术能力都很薄弱，其面临的竞争压力巨大。

左上角的 B 类企业为市场领先型创业企业，这类企业虽然没有创新的技术储备和研发能力，但能依靠强悍的市场能力和创新的市场模式，顺利度过初创期。

右下角的 C 类企业为技术领先型创业企业，这类企业的特点是并不具备很强的市场能力和创新的市场模式，但能依靠领先的技术储备和产品化能力，获得风险投资和重点客户的青睐，从而在激烈的行业竞争中保有一席之地。

右上角的 D 类企业是在不同行业中具有高影响力的指数级增长型企业，这种指数级增长型企业，是那些在初创期、成长期可以连续多年取得不低于 100% 的年度营收增长率，进入成熟期后也能在数年的经营周期中达到业绩翻番的目标，通常能实现 10~25 年的持续健康成长，促成行业创新发展并能够提供大量就业岗位的企业。

按照这个标准，华为、阿里、腾讯、吉利等企业均属于 D 类企业。

如上文所示及现实所见，能够获得长期指数级增长的 D 类企业并不多见，而 A 类、

B 类、C 类企业要成长为 D 类企业，有 3 条路径。

B 类企业（市场领先型创业企业）要想成长为 D 类企业，需要在技术创新、产品创新、供应链管理等方面获得突破，从而实现图 10-1 中标为 "①" 的成长路径；

C 类企业（技术领先型创业企业）要想成长为 D 类企业，需要在技术领先的基础上，获得市场销售、产业化应用、渠道建设等方面的突破，借此实现图 10-1 中标为 "②" 的成长路径；

而 A 类企业（红海竞争型创业企业），在市场模式、技术模式均不占优势的情况下，想在两方面同时取得突破，实现图 10-1 中标为 "③" 的成长路径非常难，对此类企业来说，先在市场、技术中的一个领域取得进步，再在另一领域力争有所进展更为现实。本文不对这种成长路径做深入研究。

上述①、②两种路径，是创业企业获得持续成长的常见路径，也是本文的重点研究对象。

10.1.2　创业企业的螺旋式成长：经营扩张＋管理创新

很多创业企业，会在几年的高速增长后，进入销量下滑、增长乏力的转折期。这一阶段，企业管理团队经常将问题归咎于糟糕的行业环境，或者其他某种外力，殊不知这是企业在成长过程中普遍会遇到的困难。

企业的成长与生物组织的成长有相似之处，我们来看看生物组织的成长。小草春生夏长，到了秋冬季节就会枯萎，而大树会在长达几十年的时光里，积蓄着持续生长的丰沛生命力，这是怎么做到的？

大树树干截面那一圈圈年轮，蕴含着顽强生命力的真谛。

一方面，大树在春夏季节保持快速生长，两道年轮间相对较软的白色木质就是快速生长的结果；另一方面，大树会在寒冷季节减少树干形成层细胞的活动，依靠坚硬、密实的黑色年轮，保持水分、度过秋冬。

企业的成长与生物组织的成长类似，多数创业企业就像小草，很难过冬，会随着外部市场动荡而生发消亡，只有一部分拥有持续成长机制的企业能够像大树一样，经受住行业周期波动的残酷考验。

这些生命力顽强的企业，依靠的是经营扩张和管理优化的循环往复。用大树做类比，企业在市场环境良好时"快速成长"，经营扩张；在行业寒冬来临时"年轮救命"，管理优化，如图 10-2 所示。

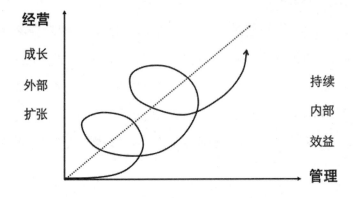

图 10-2　经营扩张与管理优化的螺旋式上升

经营扩张的主要目标，是用创新的商业模式和市场营销方法，让企业营收和市场规模得到快速成长；管理优化的主要目标，是通过组织优化和管理创新，在企业内部提升效益，以保证企业在增长遭遇困境时能够维持生存。

能长时间维持指数级增长的企业，都遵循经营扩张、管理优化、经营扩张、管理优化……螺旋式上升规律。在这个过程中，企业能否扩大市场规模，主要靠经营；而能否降本增效、持续生存，主要靠管理。

10.1.3　企业指数级增长模型

为了揭示企业的持续成长规律，我们基于企业寿命周期模型，对 4 个成长阶段做了更为详细、具体的划分和定义，提出了经营扩张（P1、P2、P3、P4）＋管理创新（T1、T2、T3）的企业指数级增长模型，如图 10-3 所示。

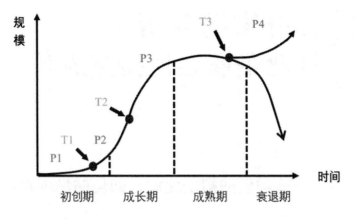

图 10-3　企业指数级增长模型

美国管理学家吉姆·柯林斯提出了"20 英里征程"概念，表示能够年复一年稳步增长并成为行业领先者的企业，要远远优于那些收入和利润剧烈波动的企业。

企业要实现长期、持续增长，需要顺利跨过 P1、P2、P3、P4 这 4 个经营扩张阶段，并在 T1、T2、T3 这 3 个战略转折阶段依靠管理创新保持转型优化。

跨越上述 7 个成长阶段中的每一个阶段，都是很不容易的事情，企业管理层不但需要保持长期的热忱，准备一套不容违背的规则与核心价值观，还需要制定一系列长期目标与短期目标相结合的计划。

在下一节，我们以典型企业的具体情况为例，深入剖析这一成长过程。

10.2 标杆案例分析：
创业企业如何持续成长

10.2.1 不同类型的初创企业，如何站稳脚跟？

如图 10-3 中的企业指数级增长模型所示，创业企业处于初创期时，就像蹒跚学步的新生婴儿一样，所拥有的资金、人才和组织能力都较为有限，那么，此时应该靠什么在市场中生存呢？

一般来说，拥有成功市场经验或先进技术储备的创业企业，有更好的生存基础。

为了说明这一点，我们在本小节以肆拾玖坊、时空道宇这两家已经闯过初创期，处于成长期的创业企业为例，探析图 10-1 中 B 类、C 类两类企业在初创期的生存之道。

肆拾玖坊创立于 2015 年，创始人张传宗带领创业团队多方探索，确定了以茅台镇酱酒为核心产品，兼营其他源头健康产品，依靠社群社交、产业互联网构建核心竞争力的经营方针。

纵览该企业自创立起至创业第 7 年的发展历程，该企业是图 10-1 中市场领先型创业企业的典型代表。

肆拾玖坊的创业团队，大多是在电子消费品领域耕耘多年的区域分销商。

决定创业后，他们依托渠道分销方面的经验、资源和可迁移技能，通过跨行业学习和多元化创新，把身边的超级用户转化成经销商和酱酒消费领袖，并依靠新兴的社群社交，建立有特色的私域流量获取模型，打造了具有一定影响力的公司品牌。

由此可见，可迁移的强市场能力、商业模型的创新、稳定的创业团队，是让肆拾玖坊在初创期内，从白酒行业的门外汉成长为能够在市场上站稳脚跟、在行业内小有名气，并连续多年实现业绩翻番的酱酒品牌的 3 个基础。

根据经营模式理论，创业企业要想维持长期的持续增长并逐步成长为行业领军企业，需要先后经历产品经营模式、企业经营模式、产业经营模式的进化。

在初创期内，肆拾玖坊主要通过深化重点用户关系，度过了自己的第一个经营扩张时期，即图 10-3 中的 P1 阶段，并通过与茅台镇一家老牌酱酒厂建立深度战略合作关系，打造了酱酒产品稳定、可靠的供应链体系。

这种基于用户关系、产品品质的市场机制和管理体系建设，使得肆拾玖坊顺利度过初创期的战略转折期，即 T1 阶段，完成了自身的产品经营模式构建。

与肆拾玖坊这种市场领先型创业企业相比，C 类企业（技术领先型创业企业）该如何度过自己的"婴儿期"呢？我们看看时空道宇的成长历程。

时空道宇由创始人王洋带领团队创办于 2018 年。

该企业定位为全球领先的 AICT（航天信息与通信）基础设施和应用方案提供商，先后布局卫星制造、卫星应用领域，以打造新一代航天数字经济业态。

纵览该企业的发展历程，由于创业团队拥有长期的科研院所卫星研发经验，该企业在进行卫星技术研发和产品化的过程中拥有较强的技术基础。

依托强大的技术基础，时空道宇在创业后的第四年，完成了首批 9 颗卫星的发射，并开始探索建立国内首个高精度、车规级时空服务系统。

技术领先型创业企业与市场领先型创业企业的早期发展路径差异很大，因为技术企业的创业早期是技术的培育期和研发资金的投入期，难以产生利润或正的经营现金流。技术创业企业顺利度过创业的初始期并进入产品经营模式阶段，大多数是依赖外部投资，而非企业自身创造的营收和经营现金流。

与市场领先型创业企业相比，行业领先的技术储备、技术的产品化、稳定的创业团队，是技术领先型创业企业顺利闯过初创期的 3 个基础。

美国著名的创业家和投资人彼得·蒂尔说过，所有创业企业，都是基于某个秘密建立起来的。

这个"秘密"，应该包含社会需求和核心能力两种要素。

创业企业需要把两者贯通，即把"别人没发现的市场需求"和"别人不具备的核心能力"连接起来，在初创期实现产品经营模式的成功落地。

作为企业战略的模式之一，产品经营模式是多数初创企业的自然选择。不过，产品经营模式的作用是有限的，在竞争日益激烈的行业格局中，它很难帮助企业维持长期的竞争优势。企业要想得到长期的持续成长，势必要在下一阶段进行经营模式方面的革新。

10.2.2 站稳脚跟的创业企业，如何突破成长瓶颈？

如上文所述，肆拾玖坊、时空道宇等创业企业，通过强化客户关系或通过技术产品化，度过了初创期的战略转折期 T1，顺利进入了第二个经营扩张阶段 P2。

进入成长期后，B 类（市场领先型创业企业）、C 类（技术领先型创业企业）两类创业企业，在商业模式上逐渐趋于一致，市场、产品、技术的发展呈现彼此融合、相互交织的趋势。因此，接下来对两类创业企业进行统一分析。

任何创业企业的发展都不会永远一帆风顺，肆拾玖坊、时空道宇同样如此。

对于肆拾玖坊来说，企业在连续 7 年的快速增长后，于 2022 年遭遇行业回调和竞争加剧的考验，靠过去的经验维系销售收入的快速增长变得非常困难；而时空道宇在技术的创新沉淀和产品落地后，能否顺利完成大规模的产业化应用和销售收入增长是不确定因素，与此同时，时空道宇还面临着管理创新方面的巨大挑战。

这些创业企业面临成长期的战略转折期 T2 时，应该在哪些方面做出战略转型和管理创新，以便顺利度过"寒冬"，并趁机强身健体、优化机制，为下一波快速增长奠定基础呢？

在此，我们以小米公司为案例，进行深度剖析。

2010 年，以雷军为首的创业团队创立了小米公司。

创业之初，通过 MIUI 操作系统研发和邀请发烧友参与开发，小米在半年之内积累了约 300 万名注册用户；2011 年，第一款小米手机发布前夕，MIUI 社区活跃用户达到约 30 万人。

随后，小米采取差异化产品战略，用高性价比产品布局低端手机市场，使用电商销售模式进行销售和扩大用户规模，并开始布局智能硬件生态产品体系。

通过上述方法，小米在创业 4 年后就达到了 6000 余万台手机出货量，连续获得共计十几亿美元的多轮融资，顺利度过初创期的战略转折期 T1，完成了自身产品经营模式的成功落地。

但是，就算是小米这样的明星创业企业，也在 2015—2016 年遇到了成长瓶颈。

芯片和屏幕供应不足，导致部分手机机型产能不足；技术研发能力不强且产品线过于庞杂，导致品牌向高端品牌升级遇挫；线上销售遭遇竞争对手的挑战，过于单一的销售模式遭遇发展瓶颈；其他品牌在线下销售渠道和下沉市场爆发，导致销售压力倍增……

在上述因素的影响下，2016 年，小米公司的手机销量锐减，出货量下降为国内第 5。

如图 10-3 所示，企业在第二个快速经营扩张期 P2 经历过一段时间的快速增长后，将遇到成长期的战略转折期 T2，此时需要进行新一轮的管理创新和优化。

在此阶段，企业增长乏力的具体原因有以下 4 种。

一是管理能力的成长跟不上经营规模的扩张，以至于增长后劲不足；

二是伴随着产能、供应链、渠道的扩张，收入规模无法支撑巨额的费用支出，导致出现现金短缺的"贫血症"；

三是人员规模和沟通复杂度急剧增加，导致人力资源管理能力不足；

四是随着组织规模膨胀，创业团队原有的核心优势和价值观被稀释，无法继续提供足够的增长动能。

因此，企业进入成长期后，需要逐渐从产品经营模式进化到企业经营模式。

在此阶段建立高效率的企业经营模式，不仅需要继续得到核心用户的支持，还需要做出各种经过深思熟虑、系统思考的计划、安排，使企业从小众品牌走向公众化市场，并得到供应商、渠道商、政府机构、行业协会、产业合作者、媒体等利益相关者的支持，如此，才能真正确立企业在行业中的地位，得到有利于正常经营和资源汇聚的社会环境。

产品经营模式与企业经营模式的本质区别在于前者主要关注产品和需求的关系，后者不仅关注企业和用户的关系，还关注企业和行业中各种利益相关者的关系。

此时，企业管理创新的重点要从初创期的"深化重点客户关系"，转变为成长期的"强化行业市场地位"。

为了实现这种转变，我们根据对多个案例企业的研究，提出了创业企业在战略转折期 T2 需要经历的 7 种管理创新转型，具体如下。

第一，经营重心从市场销售转移到提升经营效率；

第二，管理方式从创业家式转变为管理者式；

第三，领导方式从个人权威调整为指挥授权；

第四，品牌形象从行业挑战者转变为负责任的主流品牌；

第五，运营模式从产品运营转变为用户运营；

第六，组织架构从松散的非正式结构转变为正式结构；

第七，目标考核从业绩导向转变为系统的责权利导向。

小米公司的管理层敏锐地意识到了上述转型的重要性，在 2017—2018 年做了很多管理创新尝试，比如，主动进行管理团队换血，优化管理结构；大幅提高研发投入水平，改善供应链管理的效率和产品交付效率；采取公共关系管理措施，改善与供应商和各种利益相关者的关系；重新考虑市场战略和渠道管理方法，进军国际市场，并着力开拓线下渠道、优化产品品类……

由于采取了这些管理创新和优化措施，小米公司逐渐扭转了不利的发展势头和舆论环境，并提升了自身在行业中的地位和品牌影响力。

很多创业企业，会在成长期遇到与小米公司类似的增长困境，此时，必须通过管理创新，谋求度过战略转折期 T2，顺利进入企业成长的成熟期，以便成为行业中举足轻重的主流品牌企业。

值得警惕的是，成为行业中的主流品牌企业并不意味着从此无往不利，新的危机又在酝酿之中。

10.2.3　突破成长瓶颈的成熟企业，如何保持成长？

如图 10-3 所示，成功度过战略转折期 T2 的企业，会进入下一个经营扩张阶段 P3，维持一段时间的增长。受到行业激烈竞争和自身规模过大的影响，此时的增速与成长期相比可能有所回落，甚至有时会遭遇销售收入的下滑。

除了受行业竞争和规模因素影响，成熟期企业出现的增长乏力现象经常与组织内的企业文化、管理制度和组织架构僵化有关，后者常被称为"大企业病"。

成熟期企业需要有危机意识，在下一个战略转折期 T3 到来前主动进行革新，创造业务增长的二次成长曲线，避免陷入衰退期。

在此，我们以华为为案例企业，探索企业在不同的成长阶段应该如何进行管理创新，才能在进入成熟期后保持持续成长。

在我国改革开放后创立的创业企业中，华为是最具代表性的标杆之一。

华为由任正非创办于 1987 年，但数年后才真正研发出自己的技术产品。初创期的华为难以进入已被国有企业和外资企业占领的城市通信网络市场，只能从县域市场和农村市场做起。

观察华为 1992—2021 年的成长过程可以发现，华为虽然也曾多次遇到成长困境，甚至 2002 年和 2021 年的业绩出现负增长，但其 30 年间的销售收入年均同比增长率达到了 43%，完美契合本文对于"指数级增长型企业"的定义。

如图 10-4 所示，柱状图为华为历年的销售收入，单位为亿元；曲线图为华为每年的销售收入同比增长率。

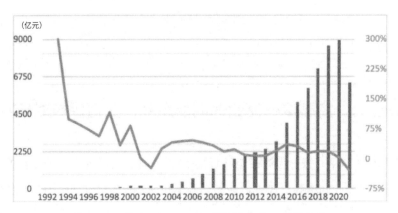

图 10-4　华为 1992—2021 年的销售收入及增长率

20 世纪 90 年代中后期，互联网的快速发展为华为打开了机会之窗，华为的年度销售收入从 1992 年的约 1 亿元，快速增长到 2000 年的 220 亿元，年均增长率达到 106.7%。这段时间，是华为度过成长期、进入成熟期的阶段。

21 世纪初，全球互联网发展泡沫破裂，这让进入成熟期的华为遭遇了巨大的考验，华为 2001 年和 2002 年的销售收入同比增长率分别只有 2.3% 和 −22.2%。

2003—2010 年，华为迎来了第二次快速增长高峰，在已超过数百亿元规模体量的基础上，年度销售收入从 221 亿元增长到 1852 亿元，年均增长率达到 34.7%。在这段时间，华为海外市场的开拓获得巨大成功，海外销售收入占比不断攀升。

2011—2013 年，受国内外市场动荡和同业竞争的影响，华为的发展再次进入了一个相对的低谷期，3 年的业绩增长率分别为 10.1%、8.0% 和 8.5%。

2014—2019 年，是华为成长的第 3 个高峰期，业绩年均增长率达到 24%，年度销售收入从 2882 亿元增长至 8588 亿元。

2020 年后，由于国际竞争加剧，华为的快速增长势头受挫，目前处于新一轮探索调整阶段。

回顾华为近 30 年的发展历程，其之所以能取得让人惊讶的指数级增长，除了受益于管理层对于战略机会的把握、对于未来的长远规划和在研发上的巨额投入，重视管理创新也是一大重要因素。

在不同成长阶段，企业文化和核心价值观建设、流程再造和企业内外产业链资源整合、大数据时代的数字化转型和创新建设等，都是华为在管理创新方面不断做出探索的缩影。

20 世纪 90 年代中前期，华为遭遇成长期发展瓶颈。当时，华为自主研发的产品质量不佳，难以进入主流市场，现金流极度紧张。

面对这些困难，任正非公开提出，华为需要构建完善的管理体系，其最大的特征是要强化管理，打造职业管理团队。任正非认为，只有进行管理创新，才能把华为思想变成组织、行动，进而在市场上产出粮食。

与此同时，华为在企业文化建设方面投入了海量资源，企业文化大讨论、起草《华为基本法》、调整核心理念政策……这一系列动作让全体员工有了反思和系统思考的机会，为华为从成长期步入成熟期奠定了基础。

21 世纪初，进入成熟期的华为又遭遇了一次考验。

2001 年、2002 年，销售收入增长连续受挫，公司遇到了任正非口中的"华为的冬天"。此时的华为，内部面临着技术路线决策失误和员工流失的双重考验，外部受到跨国公司的围追堵截和知识产权诉讼，说是腹背受敌一点都不为过。

面对这种困境，任正非提出"管理第一，技术第二"，率领管理层进行了深入的自我批判，推出了 EMT 轮值制度等管理创新措施。正是因为有这些管理创新措施作为基础，华为才在此后几年逐步迈入国际市场，迎来下一波成长高峰。

在随后的十几年中，华为遇到过多次经营增长低谷，管理层越来越认识到管理创新的重要性。

2009 年，华为提出，企业管理的关键是面向市场做要素整合，把资金、技术、人才、市场、研发、生产制造、企业内外产业链等面向市场竞争的所有资源和要素有效整合起来，以便在市场竞争中获胜，这是管理的价值，也是管理的目标。

2015 年，任正非提出需要以规则、制度的确定性来应对市场的不确定性，企业最宝贵的是无生命的管理体系，以此来争夺大数据流量时代的胜利。

纵观华为的发展历程，可以发现，其经营重点从"产品层面"，逐渐走向"企业层面"，乃至"产业层面"。

这 3 个阶段的主要特征，是从"深化重点客户关系"到"强化行业市场地位"，再到"控制产业生态联系"，并在企业发展的不同阶段形成相适合的管理体系。

在企业成长的成熟期，企业会遭受极大的竞争压力。此时，企业不能仅以生产适销对路的产品为目标，不能满足于提升产品的性价比和提升企业的市场地位，而是要站在更高的产业层次整合行业资源，努力构建完善的"产业经营模式"，从而实现对供应、生产、销售、消费等整个产业价值链的主导。

值得注意的是，企业进入成熟期后，可能会遇到不止一次的经营增长低谷。这时候，企业管理层要有战略定力，理解经营扩张和管理创新之间的辩证关系，通过一次次努力实现浴火重生，让企业持续走在追求卓越的道路上。

总而言之，对于有志于基业长青的创业公司来说，要想像华为一样在长达二三十年的时间中获得持续增长，需要在不同阶段进行主动的转型和创新。

成长之路道阻且长，但"进窄门，走远路，见微光"，管理层保持深思熟虑的习惯且不断进行管理创新，是所有成功企业的必备特点。

正如美国管理学家吉姆·柯林斯所说，基业长青的企业，短期目标和长期目标之间，隔着一个"黑箱"。

那些能够从"黑箱"中脱颖而出的企业，其管理层大多能根据一系列驱动原则和优先事项，敏锐地捕捉企业不同成长阶段的核心矛盾，正确地提出问题、分析问题、解决问题，并通过不断的管理创新，为企业成长提供长久的动力。

10.3 数字化转型：工业时代的经营逻辑过时了

在数字化时代，物理世界的万物都将被解构为数据，成为数字化世界的完整镜像。与此同时，数字化将成为未来商业的引擎，如果企业沿用工业化时代的逻辑进行经营，将很快被新时代抛弃。

从经营层面看，数字化转型有利于提升企业的运营效率、资源配置效率，并变革整体的商业模式。不过，在企业推进数字化转型的过程中，创新逻辑、业务应用、IT 架构、组织变革等工作环环相扣，如果未洞悉数字化变革的创新方式，可能会得到极其惨痛的结果。

10.3.1 数字化转型的本质

与数字化变革相关的概念中，最常见的是数字化转换（Digitization）、数字化升级（Digitalization）、数字化转型（Digital Transformation）。

以上 3 个概念，分别对应着数字化变革的 3 个阶段。

数字化转换是信息的数字化，把模拟数据转化为二进制数据；数字化升级是企业内部流程的数字化，典型例子是各类 IT 应用系统的使用；数字化转型，则是业务和整体服务体系的数字化。

IDC（International Data Corporation, 国际数据公司）市场研究公司，对数字化转型做了相对精简的定义。

数字化转型，是利用数字化相关技术（5G 技术、云计算、大数据、人工智能、物联网、区块链等）和能力驱动企业商业模式创新和商业生态系统重构的途径和方法，其目的是实现业务的转型、创新和增长。

从这个意义上讲，数字化转型是建立在数字化转换、数字化升级的基础上，深入企业核心业务，以新建一种全新商业模式为目标的战略性转型。

10.3.2 数字化转型与数字化颠覆的区别

数字化转型近些年来方兴未艾，其战略框架与以前的经典战略理论并不相悖。比如现代管理学之父彼得·德鲁克的"经典三问"，即企业的事业是什么、企业的事业将是什么、企业的事业应该是什么，仍然为数字化转型提供着方向性指导。

相应的，对于企业的数字化转型，企业管理者要思考清楚以下几个问题。

企业的商业模式在数字化转型中将做出什么转变？转型将产生哪些新价值？企业为什么一定要进行数字化转型？进行数字化转型将在哪些业务领域做出改变？数字化转型将如何重塑市场营销、产品生产、客户服务、内部运营和管理支持流程？数字化转型需要投入多少资源，将取得什么样的财务成果，并改善哪些效率指标？

在回答上述问题之前，我们要明确数字化转型和数字化颠覆的区别。

数字化转型，多数针对传统企业，或者信息产业中采用传统组织方式的企业。在转型过程中，数字化技术及其支持能力，将成为支撑企业商业模式的核心要素。

那么，什么是数字化颠覆型企业呢？

数字化颠覆型企业是那些原生的数字化企业，或者先天具有很强的数字化特性的创新企业。抖音、特斯拉、微信、滴滴、贝壳等企业，是数字化颠覆型企业的典型代表。

这些先天具有数字化基因的创新企业，能够在产品服务、运营方式和商业模式上对同行业的传统企业形成"降维打击"，重构行业格局，甚至颠覆行业生态。

注意，数字化颠覆型企业的整个成长过程都具有鲜明的数字化特征，没有经历过从传统商业模式转型到数字化模式的过程。

10.3.3　数字化转型的战略框架

众多学者和研究机构曾提出不同的数字化转型战略框架，其中，我推荐大家了解波士顿咨询公司提出的"数字化战略路线图思考框架"，如图 10-5 所示。

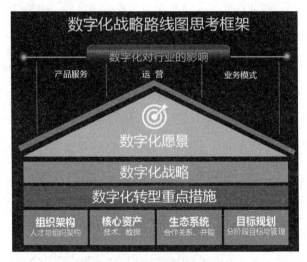

图 10-5　数字化战略路线图思考框架

如图 10-5 所示，企业应首先关注数字化给行业带来的影响，要从产品服务、运营和业务模式 3 个方面进行思考，着眼于整体行业格局和数字化开放视野，以便确定本企业的数字化转型方向。

在此过程中，企业应该明确数字化转型的愿景和战略，包括自身的价值主张、竞争优势，以及希望达到的长期目标。

战略方向确定后，企业应该从客户体验优化、运营效率提升、业务模式革新等方面着手，根据应用场景进行优先级排序，列出各个转型阶段的重点举措。

重点举措确定后，企业要规划不同阶段的具体行动方案，包括组织架构、核心资产、生态系统和落地规划。

下面，我们基于"数字化战略路线图思考框架"，对宝岛眼镜的数字化转型过程进行分析，总结数字化转型的方向和规律。

10.3.4　宝岛眼镜的数字化转型背景

近年来，我国近视人口数量不断增加，近视患者已超过 6 亿人。随着健康意识增强，消费者对高质量的眼镜产品和专业化的护眼服务的需求越来越高，但眼镜行业存在着很多痼疾，比如行业准入门槛低、用户忠诚度低、渠道营销费用高、信息化程度低、产品技术更新慢、专业化人才不足等。

宝岛眼镜是中国最大的眼镜直营连锁品牌之一，于 1972 年成立在中国台湾地区，1997 年设立第一家大陆门店。据统计，宝岛眼镜在大陆有 1100 多家门店，8000 多名员工，1600 多名认证验光师，会员超过 3000 万人。

几十年来，宝岛眼镜经历了 3 个发展阶段：2015 年前为线下经营阶段；2015—2018 年为数字化转型阶段；2019 年至今为全面私域流量运营阶段。

在开始数字化转型之前，宝岛眼镜经历过传统连锁企业常面对的各种困境，比如租金高、人力成本高、人员流动率高、客流量不断下降等。

经过几年的探索，宝岛眼镜在 2015 年决定全面实施数字化转型战略。

宝岛眼镜 CEO 王智民曾经提到，很多人是在 2020 年后看到宝岛眼镜的数字化转型成绩的，似乎宝岛眼镜突然间成为私域运营标杆，但其实，早在 2015 年，宝岛眼镜就启动了数字化转型战略。

在数字化转型过程中，宝岛眼镜重新打造企业愿景，不再把自己定义为"零售行业和时尚行业的领先者"，而是致力于"通过 AI 技术，重塑眼睛大健康乃至眼视光生态闭环，通过健康的延伸来提升产业价值和核心竞争力"。

10.3.5　宝岛眼镜的数字化转型路径分析

王智民认为，所有企业在做数字化转型之前，都应该重新定义企业和用户的关系，并围绕这种新型关系，重构整体业务体系和管理支撑体系。

2018 年，宝岛眼镜的数字化基础建设基本完成。从 2019 年开始，宝岛眼镜着手以私域流量和会员运营为核心，打造自身的数字化自治闭环，力争让企业从传统店铺 1.0 阶段、平台电商 2.0 阶段，快速转型到社交电商 3.0 阶段。

经过几年的实践，宝岛眼镜把数字化转型的重点措施总结为两个方法论，即"两大动作"和"五大路径"。

"两大动作"分别是流量重点从公域转私域、在流量池内做好会员运营；"五大路径"则包括寻找公域流量池、扩大声量、创造触点和场景设计、公域转私域、会员运营。

宝岛眼镜依靠新成立的网红孵化中心 MCN 和会员运营中心 MOC 来确保"两大动作"的落地，前者主要负责把公域流量导入私域，后者主要负责私域流量池内的会员运营。

而"五大路径"落地措施，是所有计划进行数字化转型的传统企业应该研究、借鉴的重中之重。

第一步，寻找公域流量池。

宝岛眼镜选择用户流量大、活跃度高的平台，进行企业内部的网红达人孵化和内容运营。经过尝试，宝岛眼镜全面入驻大众点评、小红书、抖音、快手、微博、B 站等平台，并根据平台属性的不同，确定宝岛员工的参与方式和激励措施。

比如，针对大众点评平台，要求全员参与并与员工的 KPI 挂钩；针对小红书平台，培养了六七百个笔记分享达人；针对知乎平台，要求宝岛眼镜的几百个专业验光师输出干货知识。

此后，宝岛眼镜逐步把这一套达人孵化方法复制到其他类似平台。

第二步，在公域平台扩大声量。

在企业发展的 3.0 时代，宝岛眼镜开启了以算法为中心，与用户进行双向亲密互动的社交电商与精准信息喂养模式。

针对在公域平台扩大声量这一目标，宝岛眼镜 MCN 部门主要做了两件事，一个是孵化企业内部的网红达人 KOC（关键意见消费者），教会他们优质内容的生产和运营方法；另一个是做好用户拉新、互动，并建立彼此间的信任关系。

这两件事的本质是把传统门店里的导购人员安排到互联网平台上成为 KOC，以更软性、更有效的方式，通过种草、吸粉、互动、利益分享、促进转发等方法，吸引 Z 世代（出生于 1995 年到 2009 年之间的一代人，也被称为 i 世代或 Zoomer）用户的关注并建立品牌忠诚度。

宝岛眼镜有数千名员工参与内部达人培育计划，在各平台开设的账户多达数万个，大量推动内容输出、公域直播和私域直播活动。

第三步，创造触点和场景设计。

宝岛眼镜使用企业微信作为与用户互动的主要通道，以加强触点环节并构建全场景服务模式。

加强触点环节很容易理解，比如对于有消费意向的用户采取多对一的服务群模式，由专家（如验光师）和时尚顾问（类似于导购）一起提供高效、精准的互动服务。

至于全场景服务，可以以青少年近视防控项目为例进行说明。

青少年近视防控项目以视力检查过程中取得的眼轴长度数据为关键指标，来加强对青少年视力的跟踪和近视防控。项目中，宝岛眼镜可以用打卡小程序记录的用户数据与用户建立连接并提供服务。

该项目在实施过程中，通过用户圈层设定，形成了用户筛选漏斗；通过话术设计和用户互动，提升了用户黏性和运营效率。

第四步，公域转私域。

通过各种渠道，宝岛眼镜积累了 3000 多万名可触达的会员，其中，沉淀在微信公众号和企业微信中的私域用户近千万名。要想做到高效地把用户从公域拉到私域，除了上述互动和服务，还要有意识地设计一些利益机制，回馈公域用户。

王智民认为，最好的销售，是改变人对品牌的印象，即设计一个游戏规则或一整套架构，让用户在推广过程中获得利益。

种草、互动、服务、让利……所有行为，都要指向把用户从冷关系变成公域粉丝，从公域粉丝变成私域会员，从私域会员变成购买产品的消费者。而数字化营销的最终目标，是把用户从消费者变成品牌推广大使，让用户有意愿、有动力，愿意主动地帮品牌做推广和转介绍。

第五步，会员运营。

使用企业微信与会员进行互动时，宝岛眼镜的专家和时尚顾问会对会员的信息进行记录，给会员打上不同标签，存储在 CRM 系统里。

从 2020 年年底开始，宝岛眼镜 MOC 团队与多家 AI 算法公司、数据挖掘公司合作，请他们帮忙管理数据，进行用户分类和个性化需求挖掘，从而找到更有针对性的产品和服务。

此外，宝岛眼镜还对自身的组织架构进行了颠覆式调整，彻底改变了以门店运营为中心的传统模式，构建起了以会员运营为核心的零售模式。

本节介绍的数字化战略路线图思考框架和宝岛眼镜转型路径，为你带来了哪些启发呢？

10.4 ▶ 数字化营销：
从流量驱动转向数据驱动

2000 年后的 20 余年间，传统媒体向互联网媒体的重心转移逐渐加快。据麦肯锡调查，2021 年，我国的网络广告收入超过主要媒体广告收入的 90%。

如今，网络广告、社交电商和直播带货发展得如火如荼，但从我国企业数字化营销的实践来看，效果并不是特别理想。根据埃森哲（咨询行业跨国企业）的调研数据，2022 年，只有 17% 的中国企业在数字化方面成绩显著。

由此可见，"数字化营销"这道企业管理者的必答题，并不是每个企业管理者都能答好。只有透过市场上的各种噪声，在乱象中抓住本质，才能带领企业真正驶入数字化营销的快车道。

数字化营销的本质，究竟是什么呢？

10.4.1 数字化营销，不能仅靠流量驱动

凡客诚品，是一家创办于 2007 年的互联网快时尚品牌，以服装服饰为主打产品。凭借方兴未艾的互联网流量红利，凡客诚品成立两年后，就达到 3000 万件产品的年度销量，成为国内自营服装品牌的领头羊。

从市场营销的角度分析，凡客诚品可谓"成也流量，败也流量"。

此后几年，尝到甜头的凡客诚品不断扩充产品品类，每年支出数亿元获取用户流量，却无法为用户提供精准的产品、服务，只是靠模糊的用户群体画像进行运营。

这种宽泛的流量思维造成的结果是凡客诚品无法实时获取和跟进用户的需求，以及用户数据只起辅助决策的作用，凡客诚品无法真正基于数据进行精细化的运营决策。更严重的是，在流量思维的指导下，凡客诚品的品控水平日渐走低。

2014 年，在上述因素的叠加效应下，产品质量问题和不可遏制的用户差评导致凡客诚品一蹶不振。

最近十多年，"互联网思维"为人们津津乐道，其实，其本质是"流量思维"。

不可否认，相对于传统营销，流量思维确实是一种升级。不过，互联网最大的贡献是通过对现实世界的虚拟链接让信息变得畅通无阻，它并没有彻底颠覆我们的生活。

10.4.2　数字化营销，从流量驱动转向数据驱动

SHEIN 是一家成立于南京的跨境 B2C 互联网企业，主要在女性快时尚服装领域为全球用户提供高性价比的产品。

虽然 SHEIN 成立于 2008 年，但"SHEIN 自有品牌"是 2012 年才创立的。自 2012 年起，SHEIN 进入发展快车道，在 2022 年 10 月的胡润排行榜上，SHEIN 的估值飙升至 4000 亿美元，而在 2021 年 5 月，SHEIN 旗下购物 App 在美国地区的 iOS 下载量超过亚马逊，成为美国下载量最高的购物 App。

SHEIN 平台上的产品线数量和每天上新款的数量远超 ZARA（全球排名第三、西班牙排名第一的服装商，在 87 个国家设立超过 2000 家连锁店），仅女装门类，每天就会上新品服装 2000 余款，价格仅十几美元，且款式质量好得让人诧异。SHEIN 是怎么做到的呢？

SHEIN 的成功，是典型的数据驱动商业模式的成功。

用户喜欢什么样的衣服，SHEIN 就做什么样的衣服；

用户喜欢看什么类型的网红模特照片，SHEIN 就去拍摄什么类型的网红模特照片；

用户喜欢时装秀上的什么款式，SHEIN 就去开发什么款式；

谷歌搜索大数据的热搜是什么，SHEIN 就去分析、研究什么。

这样做的结果，是 SHEIN 在生产服装之前就拿到了用户的喜好数据。这不但大

大降低了产品研发的失败风险，减少了产品测试时间和成本，还有助于更快、更多地提供新产品，不断提升用户的好感和黏性。

在如今的商业环境中，数据思维和数据驱动能力已经成为企业经营决策的核心要素，那么，到底什么是数据驱动呢？

数字化时代，基于数据的无障碍流转，建构了一个与物理世界完全不同的新世界，在这个世界里，人与数据是融合共生的，甚至于人的行为也可以变成数据，而企业和数据网络的关系，是平等的交互融合关系。

简而言之，数字化营销的思维模式，可以表述为"最小颗粒度的数据驱动模式"。精准的大数据算法能告诉企业如何跟踪每一个用户的喜好，并帮助企业先进行一对一分析，再根据分析结果决定下一步运营动作。

SHEIN、抖音、TikTok 等企业在国内外火爆的根本驱动力就在于此。

10.4.3 瑞幸咖啡的数字化营销

明确数字化营销的本质特征后，下面以瑞幸咖啡的实践为例，分析企业在数字化营销过程中需要完善的重点工作。

瑞幸咖啡公布的 2022 年第三季度业绩报告显示，当季实现净收入 38.95 亿元，同比增长 65.7%，其中，自营门店实现利润 8.07 亿元，利润率为 29.2%。进入 2022 年，瑞幸咖啡已经连续 3 个季度同比增速超过 65%。

曾在资本市场做空瑞幸的雪湖资本，面对瑞幸的出色表现也不得不承认：瑞幸咖啡的重新崛起，是中国商业史上的一个奇迹！

据分析，瑞幸咖啡能够在被广泛看衰的情况下在品牌、营销等方面浴火重生，主要得益于数字化。在产品、渠道、用户互动等方面，瑞幸咖啡表现得尤为出色。

先说咖啡新品，生椰拿铁、椰云拿铁等爆火的单品是怎么来的？

据说，瑞幸咖啡会使用数字化手段为口味打标签，进行新品开发和测试。

瑞幸咖啡的产品数字化研发机制包含产品分析、菜单管理、研发、测试、优化五大流程，各部门既协同又独立，新品在任何环节不过关都会被无情抛弃。

"数字定义口感"是瑞幸咖啡打破传统饮品的口感边界、高效开发无限口味的秘诀。

除了新品研发，瑞幸咖啡的业绩爆发还跟门店渠道的扩张、优化密不可分。

2022 年，很多咖啡连锁品牌的门店门可罗雀，但瑞幸咖啡逆势增长，前三季度分别开出了 556 家、615 家、651 家新门店，它是怎么做到的？

瑞幸咖啡摆脱了传统的"人找店"开店策略，采取"店找人"选址方式，即在数字技术支撑下，借助外卖热力图和大数据分析，标出目标用户集中的地点，将新店开到那里。

综上所述，在瑞幸咖啡的营销策略制定过程中，数字化起到了举足轻重的作用，把需求侧的用户口味、核心用户群与供给侧的门店位置完美地结合在了一起。

10.4.4　数字化营销的工作重点

那么，要实现数字化营销，企业应该在哪些方面做好准备呢？

第一，建设数据与业务中台。

数字化营销的底层逻辑是大数据驱动，而建设数据与业务中台是打通底层逻辑与各种战术的首选项。没有数据与业务中台，营销活动缺乏支撑基础，用户数据资产无法存储，后续的营销活动就无法持续优化。

营销数据，除了用户流量与点击次数、转化率、线索留存率等聚合类数据，更重要的是用户群体画像和个体用户独特需求的融合。如果数据与业务中台不够完善，企业难以识别用户对产品的了解程度，无法根据用户所处阶段有针对性地施加影响，就无法形成真正的营销数据闭环。

要建设数据与业务中台，需要在底层以用户 ID 为核心统一数据源，在中间层以行为标签为完善用户识别功能的依据，在上层进行圈层分类等营销活动，并引导表层应用，比如广告投放、内容营销、社交营销等。

第二，培养既懂业务，又懂数字化营销的人才。

在数字化时代，所有企业高管和营销从业者都应该是既懂业务，又懂数字化营销的专家。核心业务、数字化技术、大数据运营、线上传播、用户关系管理，是数字化营销从业者的核心技能要素。

现在，市场上的相关人才技能单一，从咨询机构出来的工作人员大多只懂数字化营销，不懂业务，实际工作中严重缺乏受过系统训练的专业落地人才。常见的情况是聘请外部专业机构为企业进行数字化营销工作时，内部人员与外部专家难以沟通，导致相关策略难以落地，实际效果难以达到预期。

所以，企业应该有意识地在内部培养数字化营销专家，从数字化营销技术和自身业务两个方面入手，对员工进行综合技能和行动力的培养。

第三，追求品效合一的数字化营销目标。

因为有"可直接衡量"的特点，人们往往认为互联网广告可以实现"品效合一"，但实际上，开屏广告、内容种草、社交互动等各种线上方式，成交回报率较低。

在数字化营销工作中，应该通过追踪各种措施的转化结果，来评估每一次投放的投资回报率，这值得相关部门认真尝试和研究。